Heridas Que Sanan

CÓMO LLEVAR NUESTRO DOLOR A LA CRUZ

STEPHEN SEAMANDS

A Carol

¡Es más valiosa que las piedras preciosas!
Su esposo confía plenamente en ella
Y no necesita de ganancial mal habidàs.
Ella le es fuente de bien, no de mal,
Todos los días de su vida. (Proverbio 31.10-12)

Heridas que sanan
Editorial Patmos

© 2004 por Stephen Seamands

Publicado por Editorial Patmos
Miami, FL 33166
Primera impresión

Publicado originalmente en inglés con el título
Wounds that Heal, por InterVarsity Press, Downer's Grove, Illinois.
© 2003 Stephen Seamands

Traducción: Silvia Cudich

Reservados todos los derechos.

ISBN: 1-58802-253-6

Categoría: Vida cristiana

Impreso en Brasil

ÍNDICE

1 Cómo llevar nuestro dolor a la cruz 5

PRIMERA PARTE: LA CRUZ Y LOS EFECTOS NOCIVOS DEL DOLOR HUMANO

2 Despreciado y rechazado 24
3 Ignorando la vergüenza 41
4 ¿Por qué me has abandonado? 62
5 Él llevó cautivo al cautiverio 79
6 Liberación para los que están atados 99

SEGUNDA PARTE: LA CRUZ Y EL CAMINO A LA SANIDAD

7 La aceptación del dolor 125
8 Padre, perdónalos 145
9 Ama a tus enemigos 165
10 Cicatrices radiantes 184

Notas 202

1

Cómo llevar nuestro dolor a la cruz

No pienses que no puedes exhalar ningún suspiro
Ni que tu Creador no se encuentra allí;
No pienses que no puedes derramar ni una lágrima
Ni que tu Creador no se encuentra junto a ti.
¡O! Él nos da su gozo
Para nuestras penas destruir;
Hasta que nuestro dolor no se haya id o
Junto a nosotros permanece y se le oye gemir.

WILLIAM BLAKE (TRADUCCIÓN LIBRE)

La película *Forrest Gump* contiene una escena que nos desgarra el corazón. En ella, la amiguita de Forrest, Janet, de cinco años, ora mientras los dos corren hacia un campo de maíz para esconderse de su padre que estaba ebrio. "Querido Dios, hazme un pájaro para que pueda volar muy, muy lejos de aquí."

Su padre la había estado abusando sexualmente, y a pesar de que lo arrestan al día siguiente y Jenny se va a vivir con otra persona, sus luchas con lo que él le hizo apenas habían comenzado. De hecho, ella se pasa el resto de su vida tratando de recuperarse del daño ocasionado.

Años más tarde, Jenny regresa al pequeño pueblo, donde ella se crió, para visitarlo a Forrest. Los dos, ahora adultos de treinta y tantos años, caminan cerca de la casucha donde ella había vivido. Al fijar sus ojos en ella, se ve inundada por dolorosos recuerdos del abuso, los cuales habían estado por largo tiempo enterrados en su mente.

Ella comienza a llorar y a dar rienda suelta a su dolor y a su enojo. Recogiendo piedras que estaban a su alrededor, se las tira con todas sus fuerzas a la choza. Cuando se le terminan las piedras, se quita los zapatos y los tira a estos también. Por último, se derrumba sollozando al suelo.

Al reflexionar Forrest en lo ocurrido, dice: "A veces me parece que sencillamente *no hay* suficientes piedras."

Cuando ustedes consideran el dolor y la pena en sus vidas, ¿se encuentran asintiendo con lo que dijo Forrest? Quizás hayan sido verbal, física o sexualmente abusados, hayan experimentado el dolor desgarrador de un divorcio, se hayan criado en un hogar caótico con padres alcohólicos, o quizás hayan perdido a un ser querido en un accidente sin sentido. Quizás hayan sido profundamente heridos en una relación o hayan sentido la dolorosa soledad del abandono. ¿Nacieron con una discapacidad física o han sido ridiculizados como niños por sus hermanos o por otros niños? ¿Es posible que los hayan tratado de una manera injusta en el trabajo o hayan sido traicionados por personas de su iglesia?

Como en el caso de Jenny, el dolor profundamente arraigado y el enojo pueden aún supurar en nuestro corazón. A veces, nos damos cuenta de que estamos levantando hacia el cielo un puño cerrado que agitamos mientras que una voz enfurecida dentro de nosotros grita: *Dios, ¡esto no es justo! No está bien. ¿Qué hice para merecer esto?* Estamos de acuerdo con Forrest Gump: "A veces sencillamente *no hay* suficientes piedras."

TENEMOS QUE IR A LA CRUZ

A través de los años, a medida que la gente lastimada y golpeada ha compartido conmigo sus desgarradoras historias, la voz interior del Espíritu Santo me ha impulsado a ofrecerles una invitación especial: "Vengan conmigo. Vengan conmigo al Calvario. Vengan y estén de pie debajo de la cruz de Jesús. Observemos juntos la figura retorcida y torturada que se encuentra allí. Piensen en el Hijo de Dios quebrantado y sangrante. Reflexionen sobre vuestras heridas y lesiones a la luz de las de Cristo."

Durante mis once años como pastor, he predicado con frecuencia sobre la cruz. Cuando era un estudiante doctoral de teología, escogí la doctrina de la expiación para uno de mis exámenes detallados. Desde 1983, como profesor de doctrina cristiana en el seminario, he enseñado sobre la cruz cada semestre en clases tales como "Teología cristiana básica" y "La persona y la obra de Cristo." De modo que la cruz de Cristo ha sido uno de los intereses que ha prevalecido durante toda mi vida.

Pero a comienzos de los 90, como resultado de varias experiencias personales y mi compromiso creciente en lo que puedo describir como un ministerio de oración de sanidad de personas con necesidades emocionales y espirituales, comencé a testificar directamente sobre el poder de la cruz en maneras que nunca me hubiera imaginado. Al aconsejar y orar con la gente, y al haber examinado juntos la cruz admirable, me he sorprendido y asombrado de su poder para sanar heridas dolorosas. Isaías tenía por cierto razón: gracias a sus heridas *fuimos* sanados (Isaías 53.5). Sus manos lastimadas por los clavos son verdaderamente capaces de sanar a los quebrantados de corazón y de pregonar libertad a los cautivos.

A pesar de que he escrito desde la perspectiva propia de un teólogo pastoral, y no de un consejero, mi plegaria es que si ustedes son personas que necesitan experimentar sanidad emocional y espiritual, este libro los ayude para que traigan sus heridas al pie de la cruz. Si son consejeros profesionales cristianos, pastores, consejeros laicos o alguien involucrado en un ministerio de oración de sanidad, ruego también que esto los capacite aún más, de manera que puedan traer a sus clientes, o a aquellos a quienes ministren, a la cruz. Por último, si son creyentes que desean entender mejor la cruz o si son personas que buscan aprender más sobre la fe cristiana, oro para que al examinar la cruz y su relación con las heridas humanas, ustedes puedan entender su poder que obra maravillas como nunca lo habían hecho antes.

No se equivoquen. El traer nuestras heridas a la cruz no es simplemente orar unas pocas valientes plegarias para sanarse, las cuales resolverán automáticamente todo. La cruz demuestra que para el complejo problema del mal y del sufrimiento, no existe ningún método simple ni rápido de restauración y sanidad—aun para Dios.

El cuerpo crucificado de Jesús fue resucitado y glorificado; sin embargo, él llevaba las cicatrices de sus heridas. De hecho, ellas se convierten en sus señales de identificación (Juan 20.20-29). El compositor de canciones Michael Card dice que Jesús es "conocido por sus cicatrices." Y siempre habrá de ser así. Sus cicatrices son permanentes—son cicatrices eternas. Cuando el apóstol Juan miró en su visión celestial para ver quién abriría el rollo sellado que revelaba el curso final de la historia, él vio "un Cordero que estaba de pie y parecía haber sido sacrificado" (Apocalipsis 5.6). Tal fue el precio que pagó Jesús, el Cordero de Dios (Juan 1.29), y el compromiso a largo plazo que Dios realizó para nuestra restauración y sanidad.

El traer nuestras heridas a la cruz, entonces, no es un método rápido de sanidad. Las heridas profundas exigen una sanidad también profunda. Y la sanidad profunda involucra un proceso lento y penoso. Como cuando pelamos una cebolla, generalmente lo hacemos una capa lagrimosa a la vez. El proceso puede verse acentuado por importantes logros; no obstante, es largo y dificultoso. Algunas veces, después de dar tres pasos hacia delante, damos dos pasos hacia atrás. Exige mucha valentía y determinación—a veces más de lo que uno puede generar. Sin el estímulo y la fortaleza que nos imparte Jesús, no podríamos finalizar nuestro trayecto.

Sin embargo, no hay nada más terapéutico que traer nuestras heridas a la cruz de Cristo. La cruz ilumina nuestras heridas. Las cubre de luz. Nos da una perspectiva diferente desde cual observarlas. Cuando las enmarcamos con madera extraída de la cruz del Calvario, las imágenes de nuestros recuerdos dolorosos se ven diferentes.

La cruz no sólo ilumina nuestras heridas, también las cura y las transforma como lo vemos expresado en "En la cruz," una hermosa canción de alabanza compuesta por Randy y Terry Butler:

> Conozco un lugar, un maravilloso lugar
> Donde los acusados y condenados
> Encuentran gracia y misericordia sin par
> Donde nuestras faltas
> Y las faltas ajenas en contra de nosotros
> Están clavadas allí con él
> Allí en la cruz
>
> En la cruz (en la cruz)
> Él murió por nuestro pecado
> En la cruz (en la cruz)
> Nos dio vida una vez más[1]
> (Versión libre)

¡Cuán cierto y maravilloso! La cruz es "un lugar, un maravilloso lugar" donde hay "gracia y misericordia" para aquellos que han sido "acusados y condenados" y profundamente lastimados. ¡Que gracia y poder de sanidad en sus manos lastimadas por los clavos! En la cruz, él ministra a nuestras heridas cuando las toca con las suyas propias.

Por un lado, el llevar nuestras heridas y lesiones a la cruz es algo bastante sencillo. Como lo dice Fanny Crosby, la compositora de himnos: "Gratuito para todos, un arroyo de sanidad, fluye del monte Calvario." Y como dice la canción de alabanza, la cruz es "donde los acusados y condenados encuentran gracia y misericordia." Es el lugar de perdón y de sanidad, liberación y emancipación, gracia y misericordia. Por sus heridas somos sanados.

Por otro lado, el llevar nuestras heridas a la cruz es algo complejo. En reacción a nuestras heridas, hemos levantado estructuras de protección que evitan que tengamos que lidiar con ellas o que alguien las toque. Hemos creído las mentiras que nos dicen que Dios no se preocupa —por lo menos, de nosotros— y que no sana nuestras heridas. El resentimiento y la amargura en contra de los que nos han ofendido arden lentamente en nuestro corazón. Las respuestas malsanas y las costumbres destructivas precipitadas por nuestro dolor emocional se han convertido en algo cómodo. Para poder ir a la cruz, debemos confrontar y lidiar con esos asuntos.

Para llevar nuestras heridas al pie de la cruz, debemos transitar por el camino que va a la cruz y elegir el camino de la cruz. Como pronto descubriremos, eso significa que debemos escoger el camino de la aceptación más que el de la negación, confrontando en vez de esconder. Significa también que escogemos un perdón costoso antes que el resentimiento y el cargar un sufrimiento injusto antes que tomar represalias.

El camino que debemos transitar es el verdaderamente menos transitado, un sendero accidentado y riesgoso, y no una carretera bien pavimentada y muy segura. Una cosa es dar un paso hacia adelante en ese sendero; otra cosa es transitar ese sendero hasta llegar al pie de la cruz. Algunas veces, después de nuestro primer arrebato de entusiasmo para el viaje, deseamos darnos la vuelta y regresar. El camino nos parece demasiado escabroso, la meta demasiado distante. La subida a la colina llamada Monte Calvario es más empinada de lo que nos imaginábamos, el esfuerzo es más costoso.

A menudo flaquearemos, pero a medida que nos esforzamos con paciencia, hacemos un feliz descubrimiento: no sólo hay gracia y misericordia cuando por fin llegamos a la cruz, sino que las hay durante todo el camino. Desde el momento en que damos nuestro primer paso sobre ese sendero hasta el momento en que experimentamos una profunda sanidad al pie de la cruz, no estamos jamás solos. Jesús va adelante de nosotros, marcando el camino. Cuando entramos en un lugar oscuro y desconocido, sus pisadas con las cicatrices de los clavos ya se encuentran allí. Mejor aún, Jesús camina a nuestro lado, animando nuestro espíritu. Cuanto más avanzamos, tanto más descubrimos la profundidad de su afecto y su ternura. Jesús camina también detrás de nosotros, sosteniéndonos cuando se nos aflojan las rodillas. Nos podemos apoyar en él, porque su fuerza está hecha a la medida de nuestras debilidades. Y debido a que la gracia y la misericordia de Dios nos acompañan, recibimos la valentía y la determinación para permanecer en el camino y continuar con el viaje.

VARÓN DE DOLORES, EXPERIMENTADO EN QUEBRANTO

¿Qué implica llevar nuestras heridas a la cruz? ¿Cuáles son los puntos donde nos detenemos en el camino, las estaciones a lo largo de la Vía Dolorosa? ¿Y por qué es la cruz un instrumento tan poderoso para sanar?

En los capítulos que siguen, exploraremos esas preguntas en detalle, particularmente en lo relacionado a la sanidad emocional. Con nuestro teleobjetivo, en los capítulos dos al seis, angostaremos e intensificaremos nuestro enfoque para ver cómo la cruz aborda los efectos destructivos de los golpes humanos tales como el rechazo, la vergüenza, la desilusión con Dios, las adicciones y lo endemoniado. Luego, en los capítulos siete al diez, reflexionaremos en lo que nos dice la cruz sobre la forma en que ocurre la sanidad, mientras que pensemos en la aceptación de nuestro dolor, el perdón de los que nos han dañado, el amor hacia nuestros enemigos y el ofrecer nuestras heridas a Dios.

En el resto de este capítulo, pondremos el sufrimiento emocional en un contexto más amplio. Utilizando un lente de gran ángulo, consideremos cómo la cruz aborda el tema del sufrimiento humano en general, especialmente el problema de fe en Dios que se suscita a consecuencia de ello.

Desde el antiguo libro de Job al reciente libro *best seller* del rabino Harold Kushner: *Cuando cosas malas les ocurren a las personas buenas,* la gente en todas partes del mundo ha luchado por comprender cómo es posible que un Dios todopoderoso, que ama a todos, pueda permitir que tanto sufrimiento —en especial, el sufrimiento injusto— exista en el mundo.

En la gran novela de Dostoyevsky: *Los hermanos Karamazov,* el hijo de un pobre siervo ruso, mientras estaba un día jugando, le pegó por accidente a uno de los preciados perros de caza de su amo con una piedra. Cuando se enteró, su amo estaba enfurecido. Lo hace prender al niño y, poniendo en libertad a sus feroces perros, la obliga a la madre del niño que observe mientras que lo destrozan a su hijo.

Cuando Iván, uno de los personajes principales de la historia, escucha lo que ha hecho el amo, sacude su cabeza sin poder creer a sus oídos. Luego de una larga reflexión sobre cómo un Dios bueno y justo puede posiblemente permitir que algo semejante ocurra, extrae esta conclusión: "No es a Dios a quien no puedo aceptar... yo acepto a Dios, comprendan eso, pero no puedo aceptar el mundo que él ha creado."[2]

Cuando nos enfrentamos a la crueldad propia de semejante sufrimiento injusto, nos hacemos también eco del desconcierto de Iván. En nuestra mente emergen pensamientos que nos disturban y nos dejan perplejos, los cuales, muy a pesar nuestro, desafían a nuestra fe.

¿*Cómo aclara la cruz este problema tan crítico? ¿Cómo nos puede hablar mientras luchamos por creer en el poder de Dios y su bondad al vernos enfrentados al sufrimiento injusto? La cruz nos dice en forma bien clara que Dios en Cristo es uno con nosotros en nuestro sufrimiento. Cuando sufrimos, Dios no se mantiene a distancia, alejado e indiferente, sin ganas o deseos de involucrarse. Jesús, la Palabra Eterna de Dios, se "hizo hombre y habitó entre nosotros" (Juan 1.14). Él es Emmanuel, lo que se traduce como Dios con nosotros (Mateo 1.23); y en la cruz, tenemos la completa revelación de cuán profunda es su participación.*

En la cruz, Jesús personalmente experimentó la gama completa del sufrimiento humano. El teólogo pastoral Frank Lake lo dice de esta manera: "Es un hecho asombroso que los acontecimientos de la crucifixión de Jesucristo reflejen la variedad completa de sufrimientos y males humanos."[3] Señala que en la cruz Jesús sufrió injusticias, sintió la vergüenza propia de la desnudez, se lo privó de sus derechos, soportó burlas, fue el centro de la furia de los demás, y fue rechazado y abandonado. Soportó también un terrible dolor físico, sed, hambre, vacío, tormento, confusión y, por último, la muerte misma. Lake lo expresa con tanta hermosura:

El propio ser de Cristo en la Cruz contenía en sí todas las chocantes contrariedades y los escandalosos destinos de la existencia humana. La Vida Misma se identificaba con la muerte; la Luz del Mundo se vio envuelta en la oscuridad. Los pies del Hombre que dijo: "Soy el camino" temieron pisarlo y oraron: "Si fuera posible, no de esta manera." El Agua de Vida tenía sed. El Pan de Vida tenía hambre. El que dio la Ley fue injustamente ilegalizado. El Santo fue identificado con los impíos. El León de Judá fue crucificado como un cordero. Las manos que formaron el mundo y que resucitaron a los muertos estaban sujetas con clavos hasta que se pusieron rígidas en la muerte. La esperanza de los hombres del cielo descendió al infierno.[4]

Esto significa que Jesús puede verdaderamente identificarse con nosotros cuando sufrimos, debido a que él personalmente ha experimentado todo lo ancho y lo profundo del sufrimiento humano. En el libro de Hebreos en el Nuevo Testamento leemos que él es un sumo sacerdote fiel porque "mediante el sufrimiento aprendió a obedecer" (5.8) y fue perfeccionado "mediante el sufrimiento" (2.10). Debido a que "no tenemos un sumo sacerdote incapaz de compadecerse de nuestras debilidades, sino uno que ha sido tentado en todo de la misma manera que nosotros" (4.15), él puede identificarse con nuestro sufrimiento con empatía.

Sin embargo, no sólo sufrió Jesús personalmente en la cruz; él también sufrió de manera indirecta. En las palabras del profeta Isaías en el Antiguo Testamento, él no era solamente un "varón de dolores, hecho para el sufrimiento" sino que "ciertamente él cargó con *nuestras* enfermedades y soportó *nuestros* dolores" (53.4, énfasis añadido). En su comentario clásico, Franz Delitzsch afirma que en este versículo "el significado no es solamente que el Siervo de Dios entró en comunión con nuestros sufrimientos, sino también que él tomo sobre él los sufrimientos que tendríamos que haber soportado y que mereceríamos soportar nosotros, y por lo tanto, no sólo los quitó... sino que los cargó sobre sí, para poder liberarnos de ellos."[5] Entonces, en la cruz, Jesús no sólo soportó su propio sufrimiento, sino que, de alguna manera misteriosa, los sufrimientos de ustedes, los míos, y el sufrimiento del resto del mundo también. Como lo expresa con tanta convicción Karl Stern, el eminente psiquiatra judío, quien fue testigo ocular de cómo arrastraban a su familia y amigos a los campos de concentración nazis para torturarlos y finalmente eliminarlos, y quien se convirtió al cristianismo después de la Segunda Guerra Mundial:

> Hay algo de extraordinario en el sufrimiento de Cristo. Parece incluir todo el sufrimiento humano... Cuanto más meditamos en ello, tanto más vemos claramente que en su agonía él anticipó las agonías

ocultas de innumerables individuos... Ello anticipa, contiene vuestra vida y mi vida en una manera muy singular.[6]

Cuando escuchamos las buenas nuevas de la salvación por primera vez, la mayoría de nosotros probablemente escuchamos que Cristo murió por nuestros pecados. En las inolvidables palabras de Isaías: "Él fue traspasado por nuestras rebeliones, y molido por nuestras iniquidades" y "el SEÑOR hizo recaer sobre él la iniquidad de todos nosotros" (Isaías 53.5-6). Las Escrituras enfatizan esta verdad maravillosa una y otra vez. Como lo dice Pedro: "Él mismo, en su cuerpo, llevó al madero nuestros pecados" (1 Pedro 2.24).

Sin embargo, necesitamos también enfatizar el hecho de que en la cruz, él cargó también con nuestro sufrimiento. La mala noticia es que nosotros somos tanto los que pecamos como los que sufrimos, tanto los villanos como las víctimas; la buena noticia es que la cruz aborda ambas condiciones. Los compositores de la canción de alabanza citada anteriormente, lo comprenden correctamente. Noten que tanto

> Nuestras faltas [los que pecamos]
> Y las faltas ajenas en contra de nosotros
> [los que sufrimos]
> Están clavadas allí con él
> Allí en la cruz

Esto significa que no sólo se identifica Cristo completamente con nosotros en nuestro sufrimiento, ya que él tuvo una experiencia como la nuestra, sino que también participa en nuestro sufrimiento, porque nuestra experiencia de sufrimiento ha sido misteriosamente colocada sobre él.

Varios días después que le expliqué esta verdad a una mujer que había sido objeto cuando niña de actos rituales de abuso sexual por un grupo de hombres, ella me envió un *email* describiendo el poderoso impacto que había tenido esa verdad en ella:

> No dejo de pensar en lo que usted me dijo: que no es que Jesús estaba solamente allí, sino que él experimentó el mismo abuso y humillación que yo... Los hombres que me usaron en sus rituales no estaban solamente involucrados en un mal común, usual, concentrado sólo en la víctima y en su propia gratificación; en cambio, ellos estaban obrando activamente en contra del Señor de Luz y Vida, y ellos sabían que eso era lo que estaban haciendo... sin embargo, Cristo escogió experimentar esas cosas de todas maneras, todo por mi bien. La idea es tan inmensa, tan increíble, que sé que todavía no lo puedo creer. Sí, sé que él murió por mí, y que ése fue su máximo obsequio, pero, no sé por qué, esto me toca más de cerca... Jesús estaba allí, y Jesús lo experimentó todo. No se limitó a mirar, y decir: "Bueno, bueno," ni siquiera: "Te amo." Jesús lo experimentó todo.

Sin embargo, no sólo lo experimentó todo, cargando con nuestro sufrimiento mientras que estaba clavado en la cruz; Dios el Padre, por medio de su Hijo, lo experimentó también. George Buttrick, un gran predicador del siglo veinte, nos habla sobre un cuadro de la crucifixión que se encuentra colgado en una iglesia italiana. A primera vista, parece semejante a la mayoría de las pinturas de la crucifixión, pero cuando se lo observa más de cerca, se percibe que "hay un figura vasta y sombría detrás de la figura de Jesús. El clavo que atraviesa la mano de Jesús atraviesa también la mano de Dios. La lanza que abre el costado de Jesús también alcanza el costado de Dios."[7] Como dijo el apóstol Pablo: "en Cristo, Dios estaba reconciliando al mundo consigo mismo" (2 Corintios 5.19).

EL VARÓN DE DOLORES ES SUFICIENTE

Por supuesto, el saber que Dios sufre con nosotros no hace que nuestro dolor desaparezca, ni tampoco explica el enigma del sufrimiento, pero nos permite seguir confiando en Dios y creyendo en su bondad, aun en medio de lo inexplicable. Es posible que no podamos seguir paso a paso la mano de Dios en lo que ha ocurrido, pero podemos aún confiar en el corazón de Dios. Y confiar en el corazón de Dios nos anima a volvernos hacia él, en vez de alejarnos de él, volvernos hacia la cruz y hacia el camino que debemos andar para llegar allí.

Cuando Joni Eareckson Tada pensaba en su propia vida como tetrapléjica, y en la vida de innumerables personas que padecen situaciones semejantes, ella llegó a esa misma conclusión. Joni, una adolescente muy atlética, quedó paralítica después de un accidente que sufrió en 1967, al zambullirse en la Bahía de Chesapeake. Parecía imposible recomponer su vida después de semejante accidente, y a veces ella se sumió en una total desesperación, furiosa de que Dios hubiera permitido que esto le ocurriera a ella. Para Joni, el lento cambio de la amargura a una confianza renovada en Dios duró tres penosos años repletos de llanto y violentos interrogantes. Sin embargo, gracias a su determinación y al apoyo de su familia y amigos, ella finalmente pudo creer que Dios la amaba y que no la había abandonado.

Durante los últimos treinta años, Joni ha ministrado por todas partes. Por medio de sus libros, sus conferencias y su obra para el bien de los discapacitados, junto con sus pinturas asombrosas ejecutadas con su boca (¡ella sostiene el pincel entre sus dientes!), Dios la ha utilizado para tocar a muchísimas personas. Como resultado, ella recibe miles de cartas y, por supuesto, la mayoría de ellas se refieren al problema del sufrimiento. Joni no pretende tener todas las respuestas, pero ella está convencida de que saber que Jesús sufrió es la clave principal para soportar nuestros padecimientos y encontrar la curación de nuestras heridas. Ella dice:

> Cuando estamos sufriendo, cuando nuestro corazón está siendo estrujado como una esponja, cuando acabamos de convertirnos en una tetrapléjica, cuando nos acaba de abandonar nuestro marido, cuando nuestro hijo se acaba de suicidar, no tiene sentido tratar de encontrar una respuesta... La única respuesta que nos satisface es pensar en esa mayor aflicción: Cristo en la cruz. Y algún día, él nos dará la clave que le dará sentido a todo. Pero hasta ese momento, el Varón de Dolores es suficiente.[8]

Sí, el Varón de Dolores es suficiente, suficiente para hacer que nosotros, aun en medio de nuestro sufrimiento, no nos alejemos sino que nos acerquemos a Dios y al camino que nos conduce a la cruz.

Dennis Ngien, un evangelizador y pastor internacional en Canadá, nos cuenta sobre una conversación que tuvo con un funcionario del gobierno checo cuando regresaba a casa en un avión, después de una gira de predicación en la ex Checoslovaquia. El hombre había asistido a uno de los servicios en el que Ngien había predicado sobre el sufrimiento de Cristo por su pueblo. Sin embargo, en vez de inspirarlo a que confiara en Dios, el hombre se alejó del servicio maldiciéndolo, con su mente girando alocadamente en torno a los cuarenta años de tormento que él y su familia habían experimentado durante el régimen comunista, en especial, la muerte de sus padres por hambre y su propia experiencia desgarradora cuando crecía solo en un orfanato.

Cuando el hombre llegó a su casa, continúo ardiendo de rabia. Sus ojos cayeron sobre un crucifijo que estaba colgado en la pared de su apartamento, el cual era un obsequio de su madre antes de morir. Ella había orado para que algún día él pudiera conocer a Cristo, pero el verlo allí, sólo aumentó su ira. Estaba tan enojado que tomó un pastel cubierto con una gruesa capa de glaseado blanco y se lo arrojó al crucifijo. El pastel golpeó el crucifijo y el glaseado se quedó adherido a él. Luego, lentamente comenzó a gotear del rostro de Jesús allí colgado.

En ese mismísimo instante, las palabras de Ngien sobre el sufrimiento de Cristo resonaron en su mente. Al fijar sus ojos en la figura de Jesús, notó que había lágrimas en sus ojos. Se conmovió tanto que cayó de rodillas frente a la cruz, y entregó su vida a Cristo. "Cristo está de mi parte, no en mi contra," exclamó.

"No alcanzo a comprender muchas de las cosas que han ocurrido políticamente," le dijo el hombre a Ngien, mientras continuaban conversando en el avión, "pero sé que Jesús no me ha abandonado. Él padecía dolor cuando yo padecía dolor. Él lloraba cuando yo lloraba. Él no experimentó gozo alguno cuando yo sufrí lo peor."[9]

Ngien, pensando en las palabras del funcionario checo, comenta: "Abandonando toda especulación sobre cuál había sido la razón por la cual le había tocado sufrir, él estaba ahora arriesgándose a entregar su vida al cuidado amoroso del Divino Varón de Sufrimiento. A este gobernador herido, le fue suficiente percibir en la cruz el dolor profundo de Dios y sus cicatrices de amor."[10]

Como Jenny, arrojando rocas, o el funcionario gubernamental checo arrojando el pastel, nos podemos encontrar arrojando cosas al confrontarnos con el intenso dolor de nuestras heridas inmerecidas. Después de todo, el camino a la cruz está sembrado de rocas y de otros objetos lanzados por personas que, a lo largo de los siglos, han sufrido y han estado colmadas de ira.

De modo que aún subsiste la invitación de Cristo: "Vengan, caminen esta senda escarpada conmigo. Arrojen piedras si lo tienen que hacer. Pero no se alejen—vuélvanse hacia la cruz.

Reflexionen sobre vuestra aflicción a la luz de mi aflicción, que es aún mayor que la de ustedes; consideren vuestras heridas a la luz de las mías."

PREGUNTAS PARA REFLEXIÓN PERSONAL O EN GRUPO

1. ¿En qué situación de su vida se ha identificado más con Jenny de *Forrest Gump*, cuando ella arrojaba las piedras y los zapatos a la casa de su niñez?
2. Si el sufrimiento de Cristo pudiera hablar con palabras a su propio sufrimiento, ¿qué le diría? ¿Cómo lo afecta a usted pensar en la agonía de él? ¿Cómo lo afecta su agonía a él?
3. Cuando tratamos de ir a la cruz con nuestro dolor, podemos toparnos con numerosos obstáculos: estructuras de protección, mentiras, resentimiento, amarguras, respuestas malsanas a nuestro dolor emocional y a nuestras costumbres destructivas. ¿Qué específicamente ha impedido que usted venga a la cruz con su dolor? ¿Está usted dispuesto a llevar esos obstáculos al pie de la cruz, pidiéndole a Jesús que los quite?
4. Para poder caminar en el camino de la cruz, debemos incluir nuevas costumbres del corazón más saludables, "aceptar en vez de rechazar, confrontar en vez de ocultar,... escoger el preciado perdón en vez del resentimiento y padecer un sufrimiento injusto antes que tomar represalias." ¿Qué podrá significar para nosotros el andar por el camino de la cruz?
5. "No sólo se identifica Cristo completamente con nosotros en nuestro sufrimiento, ya que él tuvo una experiencia como la nuestra, sino que también participa en nuestro sufrimiento, porque nuestra experiencia de sufrimiento ha sido misteriosamente colocada sobre él" Reflexione sobre el significado de esto para usted mismo y para la gente en general.

6. ¿Hubo algún momento importante en el cual usted no confío en el corazón de Dios, cuando se alejó de él en vez de correr hacia él? ¿Cómo le permite una mejor comprensión del sufrimiento de Jesús correr hacia él sin reservas?

Primera parte

LA CRUZ Y LOS EFECTOS NOCIVOS DEL DOLOR HUMANO

2

Despreciado y rechazado

*Cuando la desatención de los padres
extrae todo el amor de sus niños,
estos descienden al infierno.
Existe una conexión entre esto y el rechazo de Cristo.*

FRANK LAKE

Rechazo. Todos hemos sentido el dolor que causa y su aguijón. "Descartar o desechar algo como falto de valor, inservible, o de calidad inferior; abandonado o expulsado"[11] —ésa es la definición de un diccionario de la palabra *rechazo*. Sin embargo, ni siquiera comienza a transmitir la intensa angustia, la agonía que inflige el rechazo al espíritu humano. Los sentimientos de rechazo profundamente arraigados se encuentran en el centro de muchas de nuestras heridas. De modo que cuando llevamos nuestras llagas a la cruz, es bueno comenzar por nuestra experiencia de rechazo.

LAS MÚLTIPLES CARAS DEL RECHAZO

Por supuesto, el rechazo posee múltiples rostros; viene en una gran variedad de formas y tamaños. A veces lo experimentamos como un asalto frontal, dirigido a nuestra humanidad—como que nos atropella un tren de carga.

La serie de MTV *El mundo real* presenta sucesos de la vida real de siete personas de veinte y tantos años de diversos trasfondos, que viven juntas en la misma casa. En uno de los episodios, una joven les cuenta a dos de sus compañeros de vivienda masculinos que cuando ella tenía ocho años le había escrito una carta al papá que nunca había conocido debido al divorcio. "Sólo quiero que sepas de mí," decía la carta. "Me gusta jugar a la rayuela, la biología, y disecar cosas. No tienes que responderme, sólo quería que supieras algo sobre tu hija."

La carta volvió sin haber sido abierta, con estas palabras garabateadas a través del sobre: "Devolver al remitente — ¡no envíen más cartas!"

Con lágrimas en sus ojos, ella les describe a sus amigos el impacto del rechazo de su padre: "Desde ese momento, he buscado la aceptación de los hombres por medio de novios. ¡Odio hacerlo! Soy una feminista, y sin embargo, aún necesito la aceptación de los hombres."

Los padres reparten dolor de varias maneras, y los hijos se acuerdan para siempre de sus palabras:

- "Si yo fuera una buena madre, ya te hubiera puesto en un hogar adoptivo."
- "Si se lo cuentas a alguien [sobre el abuso sexual], te mato. Y no creas que le va a importar a alguien si lo haces. Es parte del crecimiento, y es mejor que te vayas acostumbrando a ello."
- "Fuiste un accidente, un error. Nunca te quisimos y nunca te querremos."
- "Si existe una manera equivocada de hacer las cosas, tú la encuentras."
- "Se suponía que fueras un varón."
- "Eres tan inservible como una verruga en un pepinillo."

Palabras como éstas llegan a lo más profundo del corazón. Las palabras necias no se pueden comparar con el daño que ellas infligen.

Algunas veces, el rechazo no es tan directo y ostensible; sin embargo, sus efectos son igualmente devastadores. En el seminario donde enseño, un alumno de alrededor de treinta y cinco años me vino a ver para recibir consejos y oración. La presión de ser un pastor, estudiante, esposo y padre a la misma vez superaba lo que él podía manejar. Se estaba desarmando, y en varias situaciones recientes su enojo había hecho erupción como un volcán. Para escaparse de su frustración, comenzó a recurrir a la pornografía en Internet.

La presión externa estaba revolviendo el dolor que llevaba adentro proveniente de su niñez que jamás había sido resuelto. Yo se lo expliqué de la siguiente manera: "Cuando tú aprietas un tubo de pasta de dientes, eso hace que el dentífrico que está dentro del tubo salga. Eso es lo que te está ocurriendo a ti. La presión externa hace que lo que tienes adentro emerja a la superficie."

Cuando comenzamos a hablar sobre sus años de crecimiento, él describió la relación que tenía con su padre. "Toda mi vida amé el fútbol americano. Cuando era niño, jugaba todo el tiempo. Jugué en los años de la preparatoria. Durante la escuela secundaria, fui un jugador estelar. Obtuve una beca para jugar fútbol en la universidad. Después de la universidad, jugué incluso fútbol semiprofesional por un tiempo.

"Mi padre no es un hombre malo. Él nunca diría ni haría nada para lastimar intencionadamente a nadie. Pero mi papá era un adicto al trabajo. Cuando yo estaba creciendo, nunca estaba en casa. Y ni una sola vez en mi vida me vio jugar al fútbol."

Como resultado, Cristo vino y sanó el profundo dolor de ese rechazo desconocido por ella. Por fin se alejó el dolor que había llevado sobre sí durante años. Desde ese momento, Leanne pudo relacionarse con mayor comodidad con los hombres. Dejó de tener un sueño recurrente, uno en el que ella lo buscaba ansiosamente a su padre, y finalmente encontraba su féretro, mientras que anhelaba contra toda esperanza de encontrarlo aún con vida.

Como Leanne, nosotros hemos también, inconscientemente, interpretado pérdidas en nuestra vida como un rechazo personal. En *The Primal Wound* [La herida original],[14] Nancy Verrier mantiene que no importa cuán temprana o sencilla sea una adopción, *todos* los niños adoptados interpretan la separación de su madre biológica como un rechazo personal. Los hijos de padres divorciados perciben generalmente la separación de sus padres también como rechazo.

POR QUÉ NOS HIERE TANTO EL RECHAZO

Para lograr entender por qué nos hiere tanto el rechazo, debemos captar un hecho esencial de la naturaleza humana. Como cristianos, nuestro punto de partida para lograr entender a las personas es nuestra creencia de que los seres humanos han sido creados a la imagen de Dios (Génesis 1.26-27). Por lo tanto, la verdadera naturaleza humana es creada tomando como modelo la naturaleza divina.

Nuestra comprensión de la persona divina se basa en la creencia de que Dios en *uno*, pero que existe en la comunión de *tres* personas: Padre, Hijo y Espíritu Santo. Además, cuando consideramos las tres personas del Dios de la Trinidad, comprendemos lo excepcional de cada uno, no por medio de la acentuación de su separación mutua, sino concentrándonos en la relación que poseen entre ellos. Sus nombres mismos: Padre, Hijo y Espíritu Santo, implican que existen en relación el uno con el otro. El padre es conocido como el Padre en virtud de su relación con el Hijo y viceversa. El Espíritu es el Espíritu en virtud de su interacción con los otros dos.

Siguiendo el ejemplo de la persona divina, sacamos la conclusión de que las personas no existen separadas, sino en relación con los demás. Esta comprensión desafía a la forma individualista de pensar occidental, donde las personas son entes principalmente separados, libres para actuar solos. El individua-

lismo occidental dice: "Yo soy yo mismo separado de ti." Según la perspectiva cristiana: "Yo soy yo mismo en relación a ti."
Las relaciones, entonces, son esenciales a la persona humana. No podemos ser personas aparte de nuestra conexión con los demás. Esto explica por qué las heridas del rechazo duelen tan profundamente, en especial aquellas heridas infligidas durante nuestros primeros años, cuando nuestro sentido de persona está en formación. El rechazo asesta un golpe a la raíz misma de la naturaleza humana saludable, porque ataca a nuestra conexión con los demás. Cuando una madre o padre ataca al niño, éste escucha que sus padres dicen: "No deseo una relación contigo." Pero como niños, necesitamos desesperadamente relacionarnos con nuestros padres. Nuestra mismísima persona, nuestro sentido de vida, depende de ello.

La aceptación incondicional y la afirmación de los padres son vitales y necesarias. Sin esas piedras fundamentales de relación, esas ligaduras que nos unen y nos atan a ellos, no se desarrollará un sentido adecuado del yo. Si las quitamos por completo, viviremos a un nivel personal de no existencia.

La aceptación y la afirmación de los demás son también fundamentales para el desarrollo de un amor propio adecuado. A medida que las personas importantes para nosotros nos aceptan y afirman, comenzamos a afirmarnos y aceptarnos a nosotros mismos. Si ellos creen que somos amables y agradables, lo podemos creer nosotros también. Sin embargo, cuando somos rechazados por los demás, aprendemos a rechazarnos a nosotros mismos. Frank Lake describe de manera conmovedora cómo los bebés y niños pequeños que experimentan un rechazo grave y prolongado de sus padres adquieren una sensación de maldad interior.

Que yo esté aquí es algo malo. Soy sinónimo de malas relaciones. En cuanto a tratar de crear relaciones con los demás, sólo los contaminaría con mi maldad. Si, por alguna extraña fuerza de amor amenazador, un pobre se enamorara de mí, paradójicamente la única forma de demostrar mi amor y cuidado sería echándolo o echándola. No soy nada. Si la gente espera recibir amor de mí, se equivoca horriblemente. No puedo soportar que nadie mire dentro de mí, o que se acerque lo suficiente como para ver que los estantes de mi alma están espantosamente vacíos.[15]

Tal rechazo crea un efecto devastador. Una mujer, cuya madre alcohólica le ponía constantemente apodos como "p—" y le decía que se iría al infierno, describe cómo semejante abuso verbal moldeó la opinión que ella tenía sobre sí misma: "Nunca pude entender qué es lo que yo había hecho para lograr que mi madre me odiara tanto. Por supuesto que yo no podía ser digna de ser amada. Me veía como una pérdida absoluta de vida."

¿Qué experiencia de rechazo lo ha lastimado profundamente? ¿Cómo afectó ella la opinión que tienen de usted mismo? ¿Ha fomentado ella un desprecio y odio hacia usted mismo? Es posible que no haya experimentado un rechazo profundo como los que he descrito; sin embargo, aun cuando no sea tan profundo, el rechazo puede llegar al corazón de vuestro ser y producir fruto mortal. Leanne Payne tiene razón: "El rechazo que no ha sido sanado se convierte en la tierra de cultivo de los 'asuntos' enfermizos tales como la amargura, la envidia, la ira, el temor al rechazo, y el complejo de inferioridad."[16]

ÉL FUE DESPRECIADO Y RECHAZADO

Así como a nosotros nos lastima el rechazo, Cristo también sufrió rechazo. Cuando consideramos nuestra propia aflicción a la luz

del rechazo imposible de describir que sufrió Jesús en la cruz, nuestra perspectiva comienza a cambiar.
Despreciado y rechazado por los hombres...
Todos evitaban mirarlo;
Fue despreciado, y no lo estimamos. (Isaías 53.3)

Escrito varios cientos de años antes de la muerte de Cristo, la extraordinariamente exacta descripción de Isaías del sufrimiento del Siervo resume lo que experimentó Jesús. Henry Blocher, al meditar en las palabras de Isaías, dijo: "La necesidad de aceptación, estima, reconocimiento, es una de las necesidades básicas de la personalidad humana, en especial de una personalidad tan sensible y abierta como la del Siervo. ¡Qué agonía el verse privado de ellos! El Siervo será extremadamente despreciado por los hombres."[17]

Jesús conoció el aguijón del rechazo a lo largo de su vida. Nacido en un establo maloliente, obligado a huir de su país, tratado con desprecio por el orden religioso del momento, rechazado en su pueblo natal y aun malentendido por su familia. En el prólogo de su Evangelio, Juan lo resume muy bien: "Vino a lo que era suyo, pero los suyos no lo recibieron" (Juan 1.11). Luego, todo este rechazo alcanzó su terrible punto culminante el viernes Santo.

El rechazo de la negligencia. Durante su última cena con los discípulos, el corazón de Jesús estaba agobiado. Juan escribe que él "se conmovió en espíritu" (Juan 13.21 RVR60) cuando les dijo que uno de ellos, uno de sus mejores amigos, lo iba a traicionar. Pero durante toda la cena, los discípulos no parecían darse cuenta de lo que se estaba desarrollando y parecían insensibles a lo que Jesús sentía en ese momento. Como era usual, ellos estaban totalmente concentrados en sí mismos, trabándose en debates para descubrir quién de ellos sería el más importante (Lucas 22.24-27).

Cuando se alejaron del aposento alto y fueron al huerto de Getsemaní, su indiferencia a las necesidades de Jesús fue aún más llamativa. Durante la cena, ellos no habían notado que Jesús estaba profundamente preocupado. ¿Cómo no se daban cuenta ahora, después que él explícitamente les dice: "Es tal la angustia que me invade, que me siento morir"? Él incluso les implora: "Quédense aquí y manténganse despiertos conmigo" (Mateo 26.38). Jesús necesitaba desesperadamente su apoyo, pero lo único que ellos pudieron hacer fue roncar.

El aguijón de la falta de atención. Los amigos cercanos que prometen ser fieles, pero que están tan preocupados por ellos mismos que cuando más los necesitamos, ellos no están. Jesús sintió en carne propia ese rechazo indolente."

El rechazo de la deslealtad. Durante tres años, él había amado a sus discípulos y se había consagrado a ellos. A pesar de sus defectos y su insensatez, él creía en ellos. Él nunca les había sido desleal.

Por supuesto, ellos también habían jurado serle siempre leales. Esa noche fatal, cuando Jesús predice: "Todos ustedes me abandonarán," Pedro reacciona con vehemencia: "Aunque tenga que morir contigo... jamás te negaré" (Marcos 14.27-31).

Sin embargo, en el lapso de unas pocas horas, la predicción de Jesús se transformó en una realidad. Cuando golpearon al pastor, todas las ovejas se dispersaron. "¿Qué Jesús?" exclamó Pedro dos veces cuando una de las criadas insistía que él era uno de los discípulos de Cristo. Y a la tercera vez, cuando los demás presentes se unieron a ella, él juró: "¡No conozco a ese hombre del que hablan!" (Marcos 14.66-72).

Jesús conoció el rechazo que nos abruma cuando vemos que aquellos a los cuales estamos unidos nos tratan como si fuéramos un extraño. De acuerdo con el relato de Lucas, inmediatamente después de la tercera negativa, "el Señor se volvió y miró directamente a Pedro" (Lucas 22.61). ¿Pueden imaginarse la expresión en el rostro de Jesús? Quizás había lágrimas en sus ojos.

El rechazo de la traición. El tratar a las personas a quienes estamos unidos como si fueran *extraños* es algo imperdonable; el volvernos en contra de ellos como si fueran *enemigos* es algo desaprensivo. Jesús experimentó esta clase de traición—quizás la forma más terrible de rechazo personal. Judas, uno de los doce en quien confiaba, lo traicionó a Jesús con un beso, una señal de intimidad y afecto, mientras que lo entregaba en manos de los soldados que habían venido a arrestarlo.

Siglos antes, en la misma zona donde fue traicionado Jesús, su antepasado el rey David tuvo una experiencia similar. David estaba huyendo de su palacio en Jerusalén para escaparse de su propio hijo Absalón, quien lideraba la insurrección. De modo que "David... subió al monte de los Olivos llorando" (2 Samuel 15.30). Luego, para empeorar las cosas, se enteró que Ajitofel, su viejo amigo y fiel asesor, "se había unido a la conspiración de Absalón" (2 Samuel 15.31).

Después de experimentar la traición de un amigo cercano, posiblemente Ajitofel, David compuso el Salmo 55.

> Se me estremece el corazón dentro del pecho,
> Y me invade un pánico mortal.
> Temblando estoy de miedo,
> Sobrecogido estoy de terror.
>
> Si un enemigo me insultara,
> Yo lo podría soportar;
> Si un adversario me humillara,
> De él me podría yo esconder.
> Pero lo has hecho tú, un hombre como yo,
> Mi compañero, mi mejor amigo,
> A quien me unía una bella amistad,
> Con quien convivía en la casa de Dios.

> Levantan la mano contra sus amigos
> Y no cumplen sus compromisos.
> Su boca es blanda como la manteca,
> Pero sus pensamientos son belicosos.
> Sus palabras son más suaves que el aceite,
> Pero no son sino espadas desvainadas.
>
> (Salmo 55.4-5, 12-14, 20-21)

Al igual que David, Jesús también experimentó esas espadas desvainadas. Él conoció el rechazo de ser apuñalado por la espalda por aquellos que estaban más cerca de él, herido en la casa de sus amigos (Zacarías 13.6).

El rechazo de la injusticia. Jesús era inocente. Ninguno de sus interrogadores: Caifás, Herodes, incluso Pilato, pudieron encontrar culpa alguna en él. De hecho, ellos eran culpables de una tremenda injusticia. La ley judía determinaba el procedimiento que ellos tendrían que haber seguido: primero un juicio, y si el acusado era hallado culpable, entonces condena y castigo. Pero lo que sucedió fue que Jesús no tuvo nunca un juicio formal.

Los líderes religiosos decidieron de antemano que era necesario eliminarlo. Después de su arresto, lo interrogaron, sabiendo, sin embargo, que él debía morir. Aun cuando hubiese sido culpable de blasfemia —la principal denuncia en su contra— el castigo tendría que haber sido la muerte por apedreamiento, no por medio de la crucifixión. Pero la crucifixión, la cual era una forma de ejecución mucho más violenta y prolongada, era la meta de ellos. De modo que agitaron a la multitud, utilizándola para influenciar los miedos y las inseguridades de Pilato. Funcionó. Lograron lo que deseaban. La crucifixión, el castigo romano, puso fin a la vida de un hombre que jamás había dicho una sola palabra en contra de Roma ni quebrantado ninguna de sus leyes.

A lo largo de todo esto, permanentemente le fueron negados

sus derechos a Jesús. Como lo expresa Frank Lake:

> Respetaron tan poco los derechos de Cristo, que él tuvo que observar mientras los soldados echaban suertes para repartirse su ropa bajo la cruz. Ningún visita de los sabios aquí para traerle obsequios costosos. Tampoco ningún pez del mar con una moneda en su boca para pagar sus impuestos. Ningún reconocimiento de sus derechos a la propiedad, ni siquiera a su propio manto y vestiduras. Así es cómo lo trataron al primogénito de la creación de Dios, por medio de quien él creó los mundos.[18]

En un mundo plagado de desigualdades, con multitudes que claman "Esto es injusto. ¿Dónde se encuentra la justicia que me merezco? ¿Dónde están mis derechos?," podemos decir con absoluta seguridad: "Jesús entiende. Él conoce el rechazo que sentimos cuando somos tratados injustamente."

El rechazo de la burla. En su libro *The Jesus I Never Knew*, [El Cristo que nunca conocí] Philip Yancey relata acerca de las memorias de la época anterior a la Segunda Guerra Mundial de Pierre Van Paassen, en las cuales describe un acto de burla y humillación, llevado a cabo por una tropa nazi de asalto en contra de un anciano rabino judío, a quien habían llevado a sus cuarteles. Allí en la misma habitación, mientras lo mataban a golpes a otro judío, lo desnudaron al rabino y lo obligaron a predicar el sermón que había preparado para el sábado siguiente. El rabino humildemente solicitó, de acuerdo con su tradición, usar una *kipá* para cubrir su cabeza. Los nazis estuvieron inmediatamente de acuerdo, ya que eso sólo añadía un factor más a su diversión. Él entonces comenzó a predicar sobre la necesidad de caminar con humildad delante de Dios, mientras que los nazis le pegaban, lo aguijoneaban y lo ridiculizaban, además de verse obligado a escuchar los gritos desesperados de su moribundo compañero. Yancey dice que cada vez que lee el relato de los Evangelios de la prisión, tortura y muerte de Jesús, "pienso en aquel rabino desnudo, humillado en el destacamento de policía." Sin embargo, "ni siquiera así puedo imaginarme la deshonra que soportó [Jesús]."[19]

El Evangelio de Marcos nos da una descripción gráfica de la burla de Jesús en la cruz:

> Los que pasaban meneaban la cabeza y blasfemaban contra él.
> —¡Eh! Tú que destruyes el templo y en tres días lo reconstruyes decían—, ¡baja de la cruz y sálvate a ti mismo!
> De la misma manera se burlaban de él los jefes de los sacerdotes junto con los maestros de la ley.
> —Salvó a otros —decían—, ¡pero no puede salvarse a sí mismo! Que baje ahora de la cruz ese Cristo, el rey de Israel, para que veamos y creamos.
> También lo insultaban los que estaban crucificados con él. (Marcos 15.29-32)

Desde que se presentó delante de los jefes de los sacerdotes hasta que finalmente descendió la oscuridad, Cristo sufrió provocaciones tales como éstas. Él conoció el rechazo de la burla.

El rechazo del abuso físico. En las últimas horas de su vida, Cristo experimentó un abuso físico imposible de imaginar. Lo azotaron, le escupieron, le golpearon la cara, lo coronaron con espinas, lo atravesaron con clavos en las manos y los pies, lo obligaron a soportar el peso completo de su cuerpo durante seis horas, lo expusieron y, por último, le traspasaron el lado del cuerpo con una lanza para asegurarse de que estaba muerto.

En 1986, unos pocos días antes de la Semana Santa, el *Journal of the American Medical Association* publicó un artículo titulado "Sobre la muerte física de Jesucristo," escrito por dos médicos de la Clínica Mayo y un pastor Metodista.[20] Suponiendo la exactitud de los relatos de los Evangelios, el artículo examinaba la muerte de Jesús desde un punto de vista médico. Los autores concluyeron de que la muerte de Jesús "fue el resultado principalmente de un *shock* hipovolémico y una asfixia de agotamiento." Ellos incluyeron en su debate una descripción detallada de la flagelación de Jesús (Mateo 27.26; Marcos 15.15; Juan 19.1).

La flagelación era la fase preliminar legal de la mayoría de las ejecuciones romanas, y Jesús no fue ninguna excepción. El látigo corto que usaban para azotar a las víctimas consistía de varias tiras de cuero a las cuales se fijaban pequeñas esferas de hierro, huesos de oveja o pinchos de metal. Se les quitaba la ropa a las víctimas, y se les ataban las manos a un poste erguido. El artículo describe el terrible procedimiento:

> Cuando los soldados romanos azotaban una y otra vez la espalda de la víctima con toda su fuerza, las esferas de hierro causaban profundas contusiones, y las tiras de cuero y los huesos de oveja se hundían en la piel y los tejidos subcutáneos. Luego, mientras continuaba la flagelación, las laceraciones se hundían en los músculos subyacentes y producían jirones palpitantes de carne ensangrentada. El dolor y la pérdida de sangre creaban por lo general el escenario para producir un *shock* circulatorio. Es muy probable que el alcance de la pérdida de sangre determinara cuánto tiempo sobreviviría la víctima en la cruz.[21]

Los golpes que soportó Jesús le permiten identificarse con todos aquellos que han sufrido extremo abuso físico. Él fue despreciado y rechazado—y desatendido, abandonado, traicionado, tratado injustamente, burlado y abusado físicamente. Pero faltaba aún lo peor: él sufriría abandono y rechazo aun por parte de Dios. Él sufrió todas las posibles formas de rechazo experimentadas por los seres humanos a un punto tal que no podemos siquiera imaginarnos.

ÉL CARGÓ CON NUESTRO RECHAZO Y DEFINIÓ NUESTRA VALOR

Debido al hecho de que él experimentó personalmente rechazo en tantas maneras tan profundas, Jesús se puede identificar por entero con nuestro propio rechazo. "Tentado en todo en la misma manera que nosotros" (Hebreos 4.15), él puede consiguientemente simpatizar con nosotros.

De modo que debemos llevar nuestro rechazo a la cruz. Reconsiderar lo que nos ha ocurrido a la luz de lo que le ocurrió a él. Mirar nuestras heridas, y luego mirar las de él, nuestro compañero en el sufrimiento que comprende.

Debo enfatizar una vez más que Jesús no sólo se identifica *con* nosotros en nuestro rechazo, sino que también participa *en* él. Nuestro rechazo fue colocado misteriosamente sobre él cuando se hallaba en la cruz. En su cuerpo sobre el madero, él llevó nuestros pecados (1 Pedro 2.24) y nuestros dolores y quebrantos (Isaías 53.4), incluyendo nuestro rechazo.

Es posible que muchos de nosotros hayamos cargado durante años nuestra pena y nuestro dolor causado por el rechazo. Ahora, al estar de pie frente a la cruz, escuchemos las palabras que nos dice Jesús: "Dame todo a mí. Déjame cargar con tu rechazo en mi cuerpo quebrantado. Déjame absorber tu dolor. Dame las palabras hirientes, los momentos de soledad en que fuiste abandonado, las ocasiones en que te sentiste defraudado o traicionado. Dame el abuso. Permíteme cargar con lo peor de tu rechazo. Permite que mis heridas de rechazo toquen y lleven las tuyas."

La cruz aborda también el problema de los resultados propios del rechazo. Debido a que los demás nos rechazan, nos cuesta aceptarnos a nosotros mismos. Ellos piensan que no nos hacemos querer, y por lo tanto, nosotros pensamos lo mismo. Sin embargo, en la cruz, la opinión que tiene Dios de nosotros se revela por entero. Para Dios, nosotros tenemos un inestimable valor. Aceptados en Jesús el Amado, somos extremadamente amados, hasta el punto de merecer que él muera por nosotros. Como lo declara Pablo: "Pero Dios demuestra su amor por nosotros en esto: en que cuando todavía éramos pecadores, Cristo murió por nosotros" (Romanos 5.8).

La cruz proclama que cuando ustedes y yo estábamos en la peor situación posible, Dios nos amó más. Es posible que hayamos sido rechazados por los demás y tentados a desdeñarnos a nosotros mismos, pero somos infinitamente amados por Dios. La cruz resuelve el asunto de una vez por todas. No importa cómo nos puedan definir los demás o cómo nos veamos tentados a definirnos a nosotros mismos, Dios ha pronunciado su veredicto final: Aceptados por medio de su sangre.

Mi amigo Dick McClain, un ejecutivo parte de la Sociedad Misionera para los Metodistas Unidos, me cuenta sobre el ministerio a Jackie, una madre soltera que trabajaba como mesera en un restaurante local. Ella había conocido a Cristo a través del testimonio de dos hombres que se reunían con regularidad allí para tomar el desayuno y orar. Después de su conversión, ella se unió a la iglesia que pastoreaba Dick y comenzó a buscar sus consejos.

Caminaron juntos por el pasillo central hasta que estuvieron de pie frente a la cruz que colgaba sobre el coro y presbiterio.

—Jackie —le dijo enfáticamente Dick—, deseo que mires a la cruz. Toda tu vida has creído una mentira sobre quién eres y lo que vales. Las despreciables acciones de tu padre cuando eras una niña, y luego ayer, no son más que parte de esa misma mentira. Satanás, el padre de las mentiras, ha utilizado esas cosas para convencerte de que tú careces de todo valor y que no sirves para nada.

—Jackie, mira a la cruz. Es el único lugar en todo el universo donde encontrarás la verdad sobre tú misma. Jesús murió por ti. Eso es lo que piensa él que vales. Él te ama tanto que dio su vida por ti. Mira a la cruz, Jackie, mira a la cruz.

Cuando ella contempló la cruz, la verdad que allí se revelaba penetró en su mente y en su corazón. Ella rechazó la mentira de su falta de valía y creyó en la verdad de que ella era realmente amada y valorada. La nube de desesperanza y odio hacia sí misma se disipó.

Aquel día, Jackie salió de ese santuario transformada en una persona distinta. A pesar de haber sufrido un descarrilamiento a través de lo ocurrido, ella se vio a sí misma a la luz de la cruz y, bañada en esa luz redentora, pudo volver a encarrilarse. En los meses subsiguientes, ella continuó progresando en su sanidad y peregrinaje de fe.

Aceptados. Amados. De infinito valor para Dios. Eso es lo que la cruz nos relata sobre nosotros mismos. Ningún rechazo, donde sea o cuando sea, podrá jamás cambiarlo.

PREGUNTAS PARA REFLEXIÓN PERSONAL O EN GRUPO

1. ¿De qué manera ha sentido el aguijón del rechazo? ¿Ha sido en forma evidente y directa como en el caso de abuso, o ha tomado una forma más sutil e indirecta tal como la desatención por parte de sus padres?
2. ¿Cuál de sus experiencias de rechazo lo han herido más profundamente? ¿Cómo han afectado la opinión que usted tiene sobre usted mismo y sus relaciones con los demás?
3. Jesús experimentó rechazo a lo largo y a lo ancho. En particular, él sufrió el dolor del abandono, la deslealtad, la traición,

la injusticia, la burla y el abuso físico. ¿A través de cuál de estas formas de rechazo siente usted que el Señor Jesús se identifica con usted? ¿Qué diferencia le hace en sus recuerdos de rechazo el saber que Jesús ha estado verdaderamente con usted en medio de ese sufrimiento?

4. Cuando Jackie experimentó el abuso repetido de su padre terrenal, ella creyó al padre de las mentiras que le dijo que ella carecía de todo valor. Cuando dirigió sus ojos a la cruz donde Jesús murió por ella, reconoció el valor que Jesús había colocado en su vida y llegó a creer que ella era amada y que poseía valor. ¿Se ha encontrado usted alguna vez en esa misma encrucijada de fe? ¿Qué mentira le han dicho a usted por medio de sus experiencias de rechazo, y que tiene la cruz que decir sobre todo eso?

3

Ignorando la vergüenza

La única manera de superar la vergüenza es soportando un acto que nos avergüence de manera definitiva... La única manera de superar la vergüenza es por medio del perdón de los pecados, o sea, por medio de la restauración de la comunión de Dios con los hombres.

DIETRICH BONHOEFFER

La novela mágica de Feodor Dostoyevsky, *El idiota,* contiene un personaje irracional y trágico llamado Nastasia Philapnova. Nastasia se deleita en seducir tanto hombres jóvenes como viejos con sus encantos y cautivante belleza. Después de una hora en su presencia, ellos se enamoran perdidamente de ella. Pero Nastasia se deleita aún más en dejarlos sin gratificación. Ella duerme con ellos durante la noche, pero antes del alba se escurre riendo, dejándolos más ávidos por su amor que antes. Naturalmente, las demás mujeres la desprecian, ya que están celosas y al mismo tiempo le tienen miedo.

Únicamente el príncipe Mishkin, el héroe y la imagen de Cristo en la historia, puede ver lo suficientemente profundo en el alma de ella como para comprender lo que motiva su extraña conducta. Nastasia se ve impulsada por una sensación feroz y autodestructiva de vergüenza.

Como una niña abandonada y sin hogar, Nastasia había sido acogida por un patrocinador adinerado. Él la abusa y luego la mantiene allí como un adorno sobre un estante que puede ser tomado y acariciado de vez en cuando. La vergüenza de ser abandonada, abusada y maltratada en esta manera había marcado su alma. Mishkin explica cómo la vergüenza había avivado el descontrol de Nastasia:

> ¡O, no le digan qué vergüenza, no le tiren piedras! Ella se ha torturado ya lo suficiente por medio de la conciencia de su vergüenza inmerecida... Ella posee un ansia interior irresistible que la lleva a hacer algo vergonzoso, de modo que pueda decirse a sí misma: "Ya ves, has vuelto a hacer algo vergonzoso otra vez, de modo que eres una criatura despreciable." ¿Saben que en esa continua conciencia de vergüenza existe quizás una clase de espantoso regodeo que no es natural, una especie de revancha contra alguien?[22]

A pesar de que *El idiota* fue escrito más de un siglo y medio atrás, mucho antes de que los psicólogos llegaran a entender los extensos efectos propios de la vergüenza, la percepción de Dostoyevsky es profundamente exacta. La vergüenza, proveniente de una pena humana profundamente arraigada, puede hacer estragos en nuestras vidas y yace en la raíz de muchas de nuestras conductas autodestructivas. Como la infección en una herida, se inflama mucho después de ocurrida la lesión. A veces, como en el caso de Nastasia, puede cobrar vida propia.

Pero la vergüenza no es siempre algo negativo.

VERGÜENZA POSITIVA Y NEGATIVA

La vergüenza puede ser tanto positiva como negativa. Nuestra capacidad para la vergüenza nos ha sido otorgada por Dios y refleja la gloria que nuestro Creador ha depositado en nosotros. Sólo los seres nobles, que pueden discriminar entre el bien y el mal y mostrar respeto por Dios, por los demás y por ellos mismos, pueden sentir vergüenza. John Bradshaw subraya la importancia de la vergüenza adecuada:

> Si uno ha de ser verdaderamente humano, es necesario que tenga sensación de vergüenza... La vergüenza nos dice cuáles son nuestros límites. La vergüenza nos mantiene dentro de nuestros límites humanos, haciéndonos saber que podemos cometer errores y que los cometeremos, y que necesitamos ayuda. Nuestra vergüenza nos dice que no somos Dios. La vergüenza saludable es la base psicológica de la humildad. Es la fuente de la espiritualidad.[23]

En el huerto, Adán y Eva se paseaban desnudos sin sentir ninguna vergüenza (Génesis 2.25). Ellos no sentían vergüenza porque su relación con Dios, y del uno con el otro, era de plena confianza. Más adelante, cuando buscaron ser como Dios (Génesis 3.5), y desobedecieron y comieron del fruto prohibido, la *primera* consecuencia de su acción fue sentir vergüenza. "Entonces fueron abiertos los ojos de ambos, y conocieron que estaban desnudos; entonces cosieron hojas de higuera, y se hicieron delantales" (Génesis 3.7).

Cuando Adán y Eva quebrantaron la confianza que tenían con Dios, los invadió la vergüenza. Como una luz de advertencia titilante, la vergüenza les alertó sobre el hecho de que algo estaba mal. En ese momento, ellos podrían haber prestado atención a la advertencia, asumir lo que habían hecho, y volverse hacia Dios con quebrantamiento y arrepentimiento. La confianza que se había roto hubiera comenzado a remendarse, y su vergüenza hubiera ayudado a restaurar la relación.

Sin embargo, ¿cómo respondieron a la vergüenza? Comenzaron a titubear. Plagados de dudas aterrorizantes, ya no se sentían seguros y confiados delante de Dios y delante el uno del otro sin adornos y desnudos. La vacilación, a su vez, los llevó a esconderse. "Tuve miedo porque estaba desnudo; y me escondí" (Génesis 3.10). Ellos se escondieron de Dios, del otro, aun de ellos mismos. Luego, para mantener sus escondites, comenzaron a echarles la culpa a los demás. "La mujer que me diste por compañera me dio del árbol... La serpiente me engañó" (Génesis 3.12-13). Sintiéndose inseguros de su propio valor, tenían miedo de reconocer la verdad sobre sí mismos. De modo que dirigieron la atención hacia los demás, señalándolos con el dedo (Adán la culpó a Eva; Eva culpó a la serpiente). Como resultado, la brecha en su relación con Dios y entre ellos se ensanchó. La vergüenza recogió una cosecha mortal.

Esa clase de vergüenza destructiva, especialmente la vergüenza arraigada a la pena dolorosa, y nuestras reacciones pecaminosas e insalubres a esa pena, distorsionan y destruyen la gloria que nos ha otorgado Dios, en vez de reflejarla.

LA DINÁMICA DE LA VERGÜENZA DESTRUCTIVA

Lewis Smedes describe la vergüenza como "una sensación muy pesada." Su pesadez se encuentra arraigada a la conciencia "de que no estamos a la altura de los demás y quizás nunca estaremos a la altura de la clase de persona que deberíamos ser." Por tanto, la vergüenza "nos da un vago disgusto hacia nosotros mismos, lo cual a su vez nos da la sensación de tener un pedazo de plomo en el corazón."[24]

Noten que Smedes dice que sentimos la pesadez de la vergüenza "en nuestro corazón," en el centro mismo de nuestra vida. En la Biblia, el rostro de una persona representa su identidad personal; separa a una persona de la otra. No es por lo tanto sorprendente que se describa a menudo la vergüenza en relación a cómo afecta el rostro o el semblante de una persona. Por ejemplo, Isaías declara:

Jacob ya no será avergonzado,
Ni palidecerá su rostro. (Isaías 29.22)

La vergüenza se encuentra sujeta a quiénes somos, no meramente a lo que hacemos. Eso es lo que la distingue de la culpa. La culpa tiene que ver con nuestra conducta. La vergüenza, a pesar de que puede ser impelida por algo que hayamos dicho o hecho, tiene que ver con nuestro ser. Yo puedo haber pagado la multa y por lo tanto cancelado la culpa en la que he incurrido por medio de mi infracción de tráfico, pero puedo continuar sintiendo la vergüenza de ser una persona defectuosa que ha hecho algo tan estúpido.

Es por eso que la vergüenza es tan destructiva. Como lo expresa el psicólogo Robert Karen:

> Es paralizante, porque contiene no sólo la acusación burlona de que uno es un debilucho, un matón, un alfeñique, o un marica, sino también la insinuación de que uno en realidad es un ser deforme, esencialmente indigno de ser amado, que no merece ser miembro de la comunidad humana.
> Es el yo contemplando al yo con la mirada fulminante e implacable del desdén. Y la mayoría de la gente no puede encararlo. Es demasiado aniquilante.[25]

La vergüenza de la desnudez. En el núcleo mismo de la vergüenza se encuentra una sensación penetrante de autoexposición. Los ojos de Adán y Eva se abrieron y ellos supieron que estaban desnudos (Génesis 3.7). La vergüenza expone dolorosamente nuestra desnudez. Quiénes somos—nuestra fealdad, nuestra locura, nuestras deficiencias—está a la vista de todos. La exposición nos desorienta; nos sentimos impotentes, fuera de control. Como Adán y Eva, corremos a buscar hojas de higuera para taparnos y árboles para escondernos detrás. La vergüenza es tan angustiante que hacemos todo lo posible por evitarla.

Pero para aquellos que hayan experimentado un profundo rechazo, el peso de la vergüenza es inevitable. Es una nube dominante y permanente que siempre los cubre. Karen describe tal "vergüenza patológica" como "una sensación irracional de defectuosidad, una sensación de que no hemos cruzado al lado equivocado de la frontera sino que hemos nacido allí."[26] La descripción de la "vergüenza tóxica" de John Bradshaw es similar:

> La vergüenza tóxica, la vergüenza que nos ata, se experimenta como la sensación global de que, como ser humano, soy defectuoso e imperfecto. La vergüenza tóxica no es ya una emoción que indica nuestros límites, sino una forma de ser, una identidad central. La vergüenza tóxica nos da la sensación de que no poseemos ningún valor, la sensación de que fracasamos y de que somos deficientes como seres humanos. La vergüenza tóxica es una ruptura del yo con el ego.[27]

Él sostiene que semejante vergüenza virulenta aviva todas las conductas de adicción. Debido a que el dolor de la exposición de nosotros mismos es algo imposible de soportar, nos volcamos a las drogas, al trabajo, a la comida, al sexo, o a algún otro mundo insensible, seguro, y creado por nosotros mismos que nos permita encontrar alivio y aceptación.

La vergüenza de adorar dioses falsos. Pero la vergüenza no sólo expone la desnudez de nuestros frágiles egos, comprendidos bíblicamente, sino que también expone la impotencia de los dioses falsos que adoramos y en quienes confiamos. Cuando Adán y Eva aceptaron la mentira de la serpiente, ellos se postraron delante de los falsos dioses de la sabiduría ("sabiendo el bien y el mal"), de la inmortalidad ("no moriréis") y del orgullo ("seréis como Dios"). Por lo tanto, ellos adoraron a los seres creados antes que al Creador (Romanos 1.25).

Cuando comieron el fruto, los ojos de ambos *fueron* abiertos, tal como lo había dicho la serpiente. Pero en vez de ser como Dios, como les había prometido la serpiente, ellos sólo descubrieron cuán desnudos, cuán diferentes eran a Dios.

La vergüenza siempre expone nuestra confianza depositada en quien no lo merece, o sea, en los falsos dioses, dioses que son impotentes e incapaces de cumplir sus falsas promesas. Isaías proclama:

> Pero retrocederán llenos de vergüenza
> Los que confían en los ídolos,
> Los que dicen a las imágenes:
> "Ustedes son nuestros dioses." (Isaías 42.17)

Dan Allender cuenta sobre los consejos que le daba a Sean, un joven que había sido sexualmente abusado por su hermano mayor. Cada vez que Sean hablaba o apenas pensaba en el abuso, el ardor de la vergüenza lo quemaba por dentro. Pero sin embargo, ¿qué ocurría con el abuso que había encendido esas llamas?

Al hablar juntos, el odio de Sean por la debilidad y el deseo emergieron. En respuesta a la desilusión y decepción que había experimentado de niño, Sean había construido un sólido muro de protección alrededor de su corazón. Él juró que nunca necesitaría nada de nadie, *excepto* de su hermano mayor.

El hermano mayor de Sean era todo lo que él deseaba ser: buen mozo, atlético e inteligente. Sean anhelaba que su hermano se fijara en él y que pasara tiempo con él. Una noche, después de pasar varias horas juntos, su hermano le ofreció enseñarle cómo masturbarse. Mientras que lo hacía, le pidió a Sean que lo estimulara. Deseando complacerlo, Sean accedió al pedido de su hermano. Después, Sean se despreció por lo que había hecho y sintió odio por su hermano por colocarlo en semejante posición tan embarazosa. Lo cubrió la vergüenza. Pero como lo explica Allender:

> El origen de la vergüenza que sentía Sean fue la exposición de la confianza desesperada que había invertido en su hermano para que él le proporcionara lo que ninguna otra persona o cosa podía hacer: rescatar y redimir. Antes de encarar la locura de confiar en su hermano como si hubiera sido un dios, Sean se odió a sí mismo por su debilidad y su deseo. Él había intercambiado su antiguo ídolo—su hermano—por un dios nuevo y aún más pernicioso: la libertad de toda debilidad y deseo.Cada vez que recordaba el abuso pasado y experimentaba algún deseo que le pareciera raro o excesivo, él se refugiaba en la vergüenza y luego en un odio perverso hacia sí mismo.[28]

Algo de la vergüenza que sentimos proviene como resultado de los pecados de los demás que nos convierten en víctimas. Lo que ellos han hecho puede hacernos creer que somos inherentemente defectuosos. Pero sentimos también vergüenza debido a nuestros propios pecados e idolatrías. Nos postramos delante de dioses falsos tales como el control, la seguridad, la aprobación, el poder, la libertad, el perfeccionismo y la invencibilidad, y sufrimos "vergüenza" cuando no hacen lo que se supone que hagan.

LA VERGÜENZA DE LA CRUZ

El autor del libro de Hebreos nos exhorta a que fijemos la mirada en Jesús, "el iniciador y perfeccionador de nuestra fe," quien por el gozo que le esperaba "soportó la cruz, menospreciando la vergüenza que ella significaba" (Hebreos 12.2). Ya hemos mirado algunos de los aspectos del intenso dolor físico que soportó Jesús cuando fue crucificado (por ejemplo, la flagelación). Pero la gente en la época de los romanos temía aún más la vergüenza de la crucifixión que el dolor físico que ésta implicaba.

Se reservaba la crucifixión para aquellos en el último escalafón de la escala social tales como los esclavos, los peores criminales y los enemigos del estado. Los ciudadanos romanos que eran condenados a muerte morían por lo general decapitados; su ejecución era rápida. Ellos no eran *jamás* crucificados; se lo consideraba como algo demasiado horrible y degradante.

Para determinar la importancia de la crucifixión en el mundo antiguo, el erudito del Nuevo Testamento Martín Hengel buscó meticulosamente referencias a ella en la literatura clásica y en las inscripciones, pero encontró relativamente muy pocas alusiones a ella. A pesar de que la práctica estaba extendida, especialmente en la época de los romanos, "el culto mundo literario no deseaba tener nada que ver con ella, y por norma, no se hablaba de ella."[29] La palabra *cruz* era vulgar y no se la mencionaba en reuniones sociales. De acuerdo con Cicerón, el gran estadista y filósofo romano, la palabra era tan vulgar que los ciudadanos romanos no debían pronunciarla jamás: "No debería pasar nunca por sus pensamientos, ojos, ni oídos."[30]

Las crucifixiones se llevaban a cabo decididamente en público, por lo general en lugares prominentes tales como los cruces de caminos, un teatro al aire libre o una colina. A menudo, los autores antiguos los describen como espectáculos. Los verdugos aumentaban aún más la vergüenza y la desgracia propias de las mismas transformando la horripilante experiencia personal en un espeluznante entretenimiento público. La burla y el ridículo público acumulado sobre Jesús durante su crucifixión (Marcos 15.29-32) era característico de la mayoría de las crucifixiones.

En la mayoría de los cuadros, películas y descripciones artísticas, la figura crucificada de Jesús está parcialmente cubierta por un paño que obra de taparrabos. Sin embargo, en la antigüedad, la víctima era siempre crucificada desnuda. La exposición vergonzosa continuaba a menudo aún después de la muerte, ya que era común que se les negara sepultura a las víctimas. Hengel explica la vergüenza asociada con esa negativa en la antigüedad:

> El hecho de que la víctima crucificada sirviera como alimento para los animales salvajes y las aves de rapiña era una imagen estereotipada. De esta manera, su humillación era completa. Apenas podemos apreciar en la actualidad lo que significaba para un hombre en la antigüedad que le negaran sepultura, y el deshonor que le acompañaba.[31]

De vez en cuando, se clavaban personas ya muertas en la cruz. A pesar de que ya no sentían ningún dolor físico, ellas se veían sujetas a la degradante humillación asociada con la crucifixión. No nos sorprende entonces que la fórmula para sentenciar a la gente a la crucifixión dijera: "Verdugo, átele las manos, cúbrale la cabeza, y cuélguelo del madero de la vergüenza."[32] Al colmar a alguien de insultos y vergüenza, nada se comparaba al "madero de la vergüenza."

Debido a la horrorosa vergüenza que se asocia con la crucifixión, los primeros oyentes del mensaje de la cruz (1 Corintios 1.18) lo hallaron ofensivo. De acuerdo con Pablo, el mensaje era "motivo de tropiezo para los judíos, y es locura para los gentiles" (1 Corintios

1.23). En griego, la palabra traducida como "locura" es *moria*, de la cual se deriva la palabra en inglés "moron" que significa imbécil o tarado. Para el típico griego o romano, la creencia cristiana de que alguien que había sido crucificado, fuera el Salvador y Señor de todos, era pura locura. ¿Cómo era posible que alguien que había sido colgado en el madero de la vergüenza fuera digno de adoración?

La palabra griega para "motivo de tropiezo" es *skandalon*, de la cual derivamos la palabra "escándalo." Era por cierto escandaloso decirles a los judíos que el Mesías que habían aguardado por tanto tiempo había sido clavado a una cruz, porque ellos también creían que la crucifixión era una señal de la maldición de Dios. La Torá era bien clara: "cualquiera que es colgado de un árbol está bajo la maldición de Dios" (Deuteronomio 21.23). ¿Cómo era posible que un *maldecido* fuera el Mesías, el *elegido* de Dios? El "Mesías crucificado" era un oxímoron, una idea que era ridícula y repugnante a la vez.

CÓMO SUPERAR NUESTRA VERGÜENZA

En la cruz, Jesús experimentó semejante vergüenza y humillación, semejante deshonra, que les era extremadamente difícil a los judíos y gentiles creer que él era el Hijo de Dios. Sin embargo, aquellos que creyeron —en el primer siglo y desde entonces— vieron que él era "Cristo... el poder de Dios y la sabiduría de Dios" (1 Corintios 1.24), Aquél que es suficiente para todas las cosas, aun superando la vergüenza.

Porque Cristo soportó voluntariamente la vergüenza en la cruz, nosotros podemos hallar en la cruz la forma de sanar nuestra vergüenza. Al comer el fruto de un atractivo árbol en el jardín, Adán y Eva desobedecieron a Dios. Como resultado, estaban desnudos y avergonzados por ello. Jesús obedeció a Dios mientras que estaba clavado a un árbol de vergüenza sobre un monte. Como resultado, podemos estar de pie delante de Dios, desnudos y sin vergüenza alguna. "Un árbol nos ha destruido"; dijo Teodoro de Estudios. "Ahora un árbol nos ha traído vida." En la cruz, por medio de su identificación con nosotros y su participación en nuestra propia vergüenza, Cristo superó la dolorosa exposición de sí mismo estrechamente ligada a la vergüenza. Frank Lake expresa poderosamente esta verdad al describir la experiencia de Cristo de la vergüenza de la desnudez:

> Él cuelga desnudo en la cruz. Tanto los inocentes que no han sido amados como los culpables que han despreciado el amor están avergonzados. Ambos tienen algo que ocultar. La ropa es el símbolo de ocultar lo que nos da vergüenza sacar a la luz. En su propia inocencia, él se identifica con los inocentes en su desnudez... Él se encontraba tan privado de su vestidura natural de belleza y gloria transfigurada que los hombres, viéndolo a él así, se alejaron de él. El mundo entero verá a este mismo Rey que aparecerá en todo su esplendor y su gloria, porque él ha permitido que le quitaran completamente ambas cosas.[33]

Mi padre, David Seamands, cuenta sobre dos hermanas que asistieron a un seminario de fin de semana que él estaba liderando y que trataba sobre la integridad emocional y espiritual.[34] Ambas habían sido sexualmente abusadas por un tío y estaban extremadamente resentidas con él. Una tarde, en una sesión, ellas se enojaron con papá porque él enfatizó la parte indispensable que juega el perdón en la sanidad. ¿Acaso estaba sugiriendo que ellas deberían perdonar a su tío? ¿Cómo se atrevía a pedirles que hicieran eso? ¿Cómo podía pedirlo Dios? Dado lo que les había hecho el tío, ¿no tenían todo el derecho del mundo de estar resentidas? Por lo que a ellas se refería, el perdonarlo era algo totalmente imposible de hacer. Lo mismo en lo que respecta a confiar en Dios. Así como exclamó la hermana mayor con enojo: "¿Usted me pide que yo confíe en Dios? Yo intenté hacerlo cuando tenía seis años. Le pedí a Dios que me protegiera de mi tío, pero no lo hizo. Lo único que yo podía hacer era taparme mi cabeza con mi almohada."

Esperando responder con sensibilidad, mi papá les agradeció a las hermanas su reacción tan honesta. Luego se sintió impulsado por el Espíritu Santo de describir varios aspectos del vergonzoso abuso de Cristo que corría paralelo al de ellas. Durante el juicio, los hombres le vendaron los ojos (algunas traducciones dicen que ellos le "cubrieron su cara") y le pegaban con sus puños (Marcos 15.65). Durante su crucifixión, él experimentó la vergüenza y la humillación de la desnudez.

Al escuchar esto, la hermana mayor se sintió profundamente conmovida. Ella nunca se había dado cuenta de que Jesús había soportado todas estas cosas. De golpe comprendió que Jesús se podía identificar con ella y con las demás víctimas de abuso sexual. Como su cara tapada por la almohada, la cara de Jesús había estado también cubierta. Él también se debía haber sentido impotente y desprotegido por Dios. A ella le habían quitado la ropa; a él también. A él también le infligieron vergonzosas humillaciones en su cuerpo desnudo.

Jesús podía comprender su dolor y su ira. Él sabía por qué le costaba tanto perdonar a su tío. Jesús no la condenaba por su lucha. Él lloraba por ella y con ella. Él había conocido directamente la humillación que ella había experimentado. En la cruz, él cargó con la vergüenza que ella experimentaba cuando su tío la abusaba.

Al cierre de la sesión matutina del día siguiente, esa hermana se acercó y se arrodilló para recibir oración para sanarse. Ella le dijo a mi padre que estaba dispuesta a entregar la amargura que sentía hacia su tío. Ella deseaba también comenzar a confiar nuevamente en Dios.

Sabiendo que Jesús conocía su dolor, comprendiendo que él entendía su vergüenza, derribó toda su resistencia y ablandó su corazón. Cuando ella oró junto al altar, las lágrimas brotaron ya libremente, lavando las capas de vergüenza. Las heridas de Cristo comenzaron a curar las de ella.

Por desgracia, su hermana menor no respondió de la misma manera, sino que se enojó más aún. De hecho, se sintió traicionada por su hermana que la había abandonado y ahora estaba sola con su dolor y su enojo. Para la hermana menor, la cruz fue un motivo de tropiezo; para la hermana mayor, fue el poder de Dios (1 Corintios 1.23-24). Ese mismo poder está disponible para todos los que se atrevan a creer. Por medio de su identificación y participación con nosotros, él puede superar la exposición propia y el sentimiento de aversión de sí mismo vinculados a la vergüenza.

La cruz aborda también la exposición de la vergüenza de nuestra confianza en falsos dioses. Ya que Jesús no sólo soportó vergüenza en la cruz, sino que también avergonzó a la vergüenza. La vergüenza misma fue crucificada en la cruz. Como lo declara Pablo: "Desarmó a los poderes y a las potestades, y por medio de Cristo los humilló en público al exhibirlos en su desfile triunfal" (Colosenses 2.15).

Al crucificar a Jesús, los líderes religiosos y las autoridades de Roma buscaban exhibirlo. ¿Recuerdan cómo lo ridiculizaban mientras que colgaba de la cruz? "Si tú eres un rey, si tú eres el Mesías, entonces baja de la cruz. Si eres realmente el Hijo de Dios, ¿por qué él no te libera?" El hecho de que Dios no lo liberó probaba que él era un impostor, no el Mesías, como muchos lo aseveraban.

A pesar de sus pullas, Jesús continuó confiando en Dios. Él ignoró la vergüenza de la cruz. Aunque se sentía abandonado por Dios, se aferró desesperadamente a él. Al final, él aún creía que Dios lo reivindicaría. Y tres días después, así lo hizo. De acuerdo con Pablo, "fue designado con poder Hijo de Dios" por su resurrección de los muertos (Romanos 1.4).

Los poderes y las potestades hicieron un espectáculo público de él. Pero habiendo soportado la vergüenza horrible de la cruz, y habiendo sido reivindicado por Dios, ahora se dieron vuelta las cosas. Él los exhibió públicamente a ellos. Los líderes religiosos afirmaban que ellos eran los representantes de Dios. Las autoridades de Roma mantenían que Dios los había nombrado a ellos para gobernar. Sin embargo, cuando fueron confrontados por el propio Hijo de Dios, ¿lo reconocieron? No. "Porque de haberla entendido [la sabiduría de Dios] no habrían crucificado al Señor de la gloria" (1 Corintios 2.8). Al crucificarlo, se puso de manifiesto su verdadera naturaleza a los ojos de todo el mundo. *No* eran los agentes de Dios como ellos aseveraban, sino sus adversarios, los agentes de los dioses falsos, de los poderes y las potestades.

¿Recuerdan la historia de la ropa nueva del emperador? Cuando el pequeño niño impulsivo vio al emperador pavoneándose por la calle en lo que se suponía que eran sus vestiduras reales, él gritó: "¡Está desnudo!" Jesús colgó desnudo de la cruz. Y su desnudez expuso la desnudez de ellos. Su grandioso acto final de vergüenza superó a la vergüenza misma.

De la misma manera en que la cruz expuso a los falsos dioses de los líderes religiosos y de las autoridades, y el vacío de la confianza que habían depositado en quienes no la merecían, la cruz también expone nuestros falsos dioses y nuestra confianza en lo equivocado. En la cruz se nos despoja de toda vestidura falsa que usemos para fingir ser lo que no somos; y allí se revela nuestra desnudez a los ojos de los demás. Nuestra sabiduría se revela como locura, nuestra fortaleza como debilidad (1 Corintios 1.25).

Gracias a Dios, la cruz revela también sobre nosotros lo que revela sobre Jesús. A pesar de todo el ridículo y la vergüenza acumulada sobre él, a pesar de las acusaciones de la gente y aun su propia sensación de que Dios lo había abandonado, él no fue abandonado por Dios. A lo largo de su crucifixión, su relación con

Dios permaneció intacta. Él era *aún* el Hijo amado en quien Dios se complacía (Mateo 3.17). Y no importa cuánta vergüenza experimentemos o cuán a menudo pongamos nuestra confianza en dioses ajenos, nosotros tampoco somos abandonados. Nuestra relación como hijas e hijos de Dios, sus hijos amados, permanece intacta. Como lo expresa Rodney Clapp: "Ninguna vergüenza, no importa cuán justa o injusta sea, no importa cuán insignificante o espectacular, 'podrá apartarnos del amor que Dios nos ha manifestado en Cristo Jesús nuestro Señor' (Romanos 8.39)."[35]

Por tanto, en vez de estar sujetos por la vergüenza, podemos abundar en una audacia confiada. El Nuevo Testamento habla sobre la confianza —*parrhesia* — que tenemos delante de Cristo. Esta palabra griega *parrhesia* es lo opuesto a la vergüenza. Juan dice: "Y ahora, queridos hijos, permanezcamos en él para que, cuando se manifieste, podamos presentarnos ante él confiadamente [*parrhesia*], seguros de no ser avergonzados en su venida" (1 Juan 2.28). Otras ocasiones de *parrhesia* indican que no sólo poseemos confianza para el futuro, sino que también podemos disfrutar de esa confianza en el presente. *Tenemos* confianza porque nuestro corazón no nos condena (1 Juan 3.21); no tenemos temor alguno (1 Juan 4.17-18). Dios escucha nuestras oraciones (1 Juan 5.14), y podemos acercarnos al trono de la gracia (Hebreos 4.16). Incluso, tenemos plena libertad para entrar en el Lugar Santísimo por medio de la sangre de Jesús (Hebreos 10.19).

El erudito del Nuevo Testamento Heinrich Schlier resume su estudio de la poderosa palabra del Nuevo Testamento *parrhesia*: "El que está en Cristo ha encontrado nuevamente libertad con Dios y puede acercarse a él con toda confianza. Él puede estar erguido y libre delante del Soberano y Juez, no con la cabeza baja, sino capaz ahora de resistir su presencia."[36]

Por supuesto, sanar la vergüenza que nos ata lleva su tiempo. El exhibir, librar y cortar los tentáculos de la vergüenza implica a menudo un proceso arduo y prolongado. Sin embargo, gracias a la muerte de Cristo en la cruz, se puede superar la vergüenza. Debido al hecho de que Cristo la soportó en el Calvario, nosotros no tenemos ahora que hacerlo. Redimidos y restaurados por Cristo, no necesitamos retroceder ni bajar la cabeza. Podemos estar ahora de pie frente a Dios, como lo hicieron Adán y Eva en los albores de la creación, con una audacia plena de confianza, desnudos y exentos de toda vergüenza.

UNA GOTA MUY GRANDE DE SANGRE

Steve, un alumno del seminario que había sido anteriormente un evangelista en Australia, mientras estaba liderando un retiro para "Cristianos en el Aire", una organización cristiana para personal aeronáutico, fue testigo del poder dramático de la cruz para superar la vergüenza. Durante la sesión final del retiro, llevó a cabo un servicio informal de Santa Cena. Las sillas en la habitación formaban un gran círculo, y la mesa de la Cena se encontraba en el centro. Mientras cantaban himnos y coros, aquellos que estaban presentes se acercaron a la mesa para recibir el pan y el vino. Una sensación poderosa de la presencia de Dios llenó el cuarto.

Mientras continuaba el culto, Steve se sintió movido a orar por una mujer que estaba sentada enfrente de él al otro lado del círculo. Su apariencia refinada y clásica y su maquillaje y vestuario impecables la destacaban de los demás. Cuando le pidió al Espíritu Santo que lo guiara en su plegaria por ella, le vino a la mente un versículo bíblico: "¡Cuánto más la sangre de Cristo, quien por medio del Espíritu eterno se ofreció sin mancha a Dios, purificará nuestra conciencia de las obras que conducen a la muerte, a fin de que sirvamos al Dios viviente!" (Hebreos 9.14).

A pesar de que Steve no supo por qué, él comenzó a interceder por la mujer acorde al significado de ese versículo: "Señor—, oró, —si hay vergüenza y culpa en su vida, si hay alguna impureza, sea lo que sea que ella esté enfrentando en este momento, quítalo. Por medio de tu sangre, ven y libera a esta mujer."

De repente, para su gran sorpresa, la mujer literalmente se cayó de su silla al piso y comenzó a sollozar descontroladamente. Algunos amigos se arrodillaron junto a ella para consolarla. Al no sentirse impulsado a unirse a ellos, Steve simplemente se quedó sentado allí donde estaba y continuó orando por ella.

Finalmente, la mujer se levantó del suelo y se volvió a sentar. Parecía aliviada, pero algo aturdida. Al poco rato, finalizó el servicio. Se había terminado el retiro, y todos empacaron rápidamente y se fueron a casa. Ya que el vuelo de Steve no partía hasta la mañana siguiente, se fue a pasar la noche con la pareja que había organizado el retiro.

Alrededor de las diez de la noche, mientras Steve y la pareja estaban tranquilos y descansando en la casa, escucharon que alguien golpeaba la puerta. Era la mujer por la que Steve había orado en el retiro. Cuando la vio, Steve supo de inmediato que algo había cambiado en su apariencia, pero no podía determinar qué era.

Después que ella entró y se sentó, le dijo a Steve: "Lamento venir aquí tan tarde, pero tenía que decirle lo que el Señor hizo por mí durante el servicio de Santa Cena.

"Hace un par de años atrás, antes de convertirme al evangelio, vivía una vida de mucha promiscuidad. Hoy a la tarde, cuando me encontraba allí sentada, comencé a pensar en todos los hombres diferentes con los cuales me había acostado. Mi vida estaba tan enredada, que una noche en que estaba ebria, hasta me casé con alguien. A la mañana siguiente, cuando me desperté, ni sabía lo que había hecho. Esa es la clase de vida que estaba viviendo.

"Y todo estaba arraigado a mi vergüenza terrible. Debido a lo que había ocurrido cuando era pequeña, me sentía totalmente despreciable e inútil. Me avergonzaba permitir que los demás supieran quién era realmente. Si lo hubiera hecho, me habrían rechazado. Sin embargo, necesitaba desesperadamente la aprobación, especialmente la aprobación de los hombres. Estaba dispuesta a hacer todo lo que fuera necesario para conseguirla. "Como resultado, toda mi vida se centró en mi apariencia. Cómo me veían los demás, ser atractiva a los hombres. Esas cosas significaban todo para mí y dominaban mi vida. No podía ir siquiera a la tienda de la esquina a la noche para comprar un cartón de leche sin pasarme por lo menos quince minutos enfrente del espejo, asegurándome de que mi maquillaje estuviera bien y de que cada cabello estuviera en su lugar. Estaba esclavizada a aquello.

"Hace un par de años, cuando conocí a Cristo, dejé de ser promiscua. Pero la culpa de mis acciones y la vergüenza que sentía de mí misma estaban todavía allí. Así también lo estaba la necesidad abrumadora de la aprobación de los demás. No me encontraba aún liberada de todo aquello, pero deseaba con ansia estarlo. Durante el servicio de Santa Cena, le supliqué al Señor que viniera y que hiciera algo por mí."

Luego hizo una pausa y lo miró a Steve con timidez. "Yo no sé lo que pensará de esto, pero mientras que estaba orando, miré hacia el rincón de la habitación. Allí, suspendida justo por debajo del techo, vi esta nube rojiza." Ella titubeó y dijo: "¡Parecía como una enorme gota de sangre!"

"Estoy segura de que nadie más la vio, pero yo sí. Al mirarla, comenzó a moverse lentamente hacia mí hasta estar suspendida encima de mi cabeza. ¡Y luego pareció explotar y derramarse sobre mí! Allí es cuando me caí al piso sollozando. Y yo sé que es extraño, pero se lo tenía que contar. Mientras que estaba allí tendida, vino Jesús y me lavó en su sangre. Me limpió. Me liberó. ¡Y ahora se ha ido esa terrible sensación de culpa y de vergüenza que solía tener!"

Al llegar a ese punto, por fin Steve se dio cuenta de qué es lo que era diferente ahora en ella. No tenía maquillaje. No quiero decir con esto que usar maquillaje sea en sí algo malo. Pero al no usarlo aquella noche, ella hizo una declaración llamativa, testificando lo que había hecho Cristo por medio de su sangre en su vida. Ya no se sentía avergonzada; no tenía nada que ocultar. Ella podía estar de pie frente a Dios y los demás con audacia y confianza. Liberada por medio de la sangre de Cristo, su vergüenza había desaparecido.

Por supuesto, ella todavía tenía que emprender un largo trayecto para alcanzar su integridad. En lugar de sus patrones de pensamientos negativos basados en la vergüenza, ella tenía que desarrollar nuevos patrones de pensamientos positivos basados en su identidad en Cristo como hija amada de Dios. Tal cambio requiere un proceso gradual y deliberado, pero el momento decisivo tuvo lugar en ese instante de crisis. Gracias a la obra dramática de Cristo en su vida aquel día, ella pudo comenzar el trayecto. Se habían roto las pesadas ataduras de la vergüenza. Ella estaba ahora lista, con toda confianza, para avanzar y convertirse en la mujer que Dios había destinado que fuera.

¿Necesitan llevar a la cruz de Cristo alguna vergüenza presente en vuestra vida? ¿La ven, ahora mismo, estén donde estén, una enorme gota de sangre?

PREGUNTAS PARA REFLEXIÓN PERSONAL O EN GRUPO

1. "La vergüenza... yace en la raíz de muchas de nuestras conductas autodestructivas." ¿Dónde ha observado usted esta verdad en usted mismo y en los demás?

2. La vergüenza positiva es como una luz de advertencia que nos muestra dónde hemos hecho algo malo, ayudándonos a volvernos hacia Dios con un corazón arrepentido. Piense en uno o dos ejemplos de vergüenza positiva que lo hayan llevado a arrepentirse y a la restauración de su relación con Dios y con los demás.

3. La vergüenza negativa está arraigada a menudo en los pecados cometidos en contra de nosotros y en nuestra reacción pecaminosa y malsana en respuesta a ellos. Los que están cargados con vergüenza negativa se ven estimulados a menudo a "las drogas, al trabajo, a la comida, al sexo, o a algún otro mundo insensible, seguro, y creado por nosotros mismos," donde encuentran un alivio pasajero y la sensación de aceptación que anhelan. ¿Hacia dónde lo ha llevado a usted su vergüenza negativa?

4. El autor afirma que "la vergüenza siempre expone nuestra confianza depositada en quien no lo merece, o sea, en los dioses falsos, dioses que son impotentes e incapaces de cumplir sus falsas promesas." Más adelante, él menciona específicamente los dioses falsos del control, la seguridad, la aprobación, el poder, la libertad, el perfeccionismo y la "invencibilidad". ¿Ha depositado usted su confianza en alguno de estos dioses? ¿Cómo le ha revelado la vergüenza el hecho de que estos dioses falsos no se merecen su confianza?

5. ¿Qué significa que Jesús fue colgado de un "madero de vergüenza" y que era contemplado como el que estaba "bajo la maldición de Dios"?

6. ¿Ha tenido usted alguna vez una experiencia de purificación y liberación de la vergüenza similar a la de la mujer que vio la enorme gota de sangre? ¿Anhela usted, como ella, ser liberado de la vergüenza y de la culpa? ¿Necesita invitar humildemente a Jesús a que se reúna con usted en algún lugar donde haya vergüenza?

4

¿Por qué me has abandonado?

Todo aquel que piense sobre su desilusión con Dios debe detenerse un momento en Getsemaní, y en el palacio de Pilato, y en el Calvario—las escenas del arresto, juicio y ejecución de Jesús. Porque en esos tres lugares, Jesús mismo experimentó un estado muy parecido a la desilusión con Dios.

PHILIP YANCEY

Alrededor de quince ministros se sentaron en un círculo en la clase que estaba enseñando. Estábamos conversando sobre el tema de porqué pasamos tan poco tiempo en oración cuando de repente, un hombre comenzó a sollozar. Me sorprendí. No habíamos dicho nada que provocara semejante respuesta emocional, de modo que me pregunté si estaría luchando con algún problema personal.

— ¿Desea que oremos sobre algo con usted? —le pregunté.

—O, no —respondió—. No es nada semejante. Durante esta conversación, Dios me ha estado mostrando por qué me ha sido tan difícil orar estos últimos años.

"Hace unos cinco años," comenzó a explicarnos, "llegué a mi casa y me encontré una nota de mi esposa sobre la mesa de la cocina. Ella decía que no desea seguir siendo mi esposa. De modo que había tomado sus cosas y se había marchado.

"Yo estaba desolado; nunca pensé que me podría pasar algo así. ¿Y qué ocurriría con mi ministerio?

"En los meses siguientes, le supliqué a Dios sobre nuestro matrimonio. 'Señor, tú no puedes permitir que esta separación termine en un divorcio. Yo sé que ésa no es tu voluntad. Tienes que salvar mi matrimonio'. Constantemente oraba de esa manera. Y estaba convencido—*sabía* que Dios no me iba a defraudar." Luego, él sacudió la cabeza. "Dios no salvó nuestro matrimonio. Terminó en divorcio. Y hoy me doy cuenta por primera vez de cómo mi dolor profundo, y en especial mi desilusión con Dios a causa de mi divorcio, han afectado mi deseo de orar. Me siento tan defraudado por Dios. Me enfermó que Dios no interviniera. Y cuando uno se quema de esa manera, no desea volver a quemarse jamás.

"No tengo problema de orar por los demás," continuó diciendo. "Los puedo animar a que confíen en Dios. Pero cuando se trata de mí y de mis necesidades, me cuesta mucho hacerlo. Tengo miedo de volver a lastimarme. Sé que debería orar, de modo que me obligo a hacerlo. Pero luego me siento invadido por las dudas. ¿Acaso escucha Dios mis oraciones? ¿Se preocupa Dios por mis necesidades? Ya no me atrevo a decir que estoy seguro de ello."

Tanto el rechazo como la vergüenza habían atravesado el corazón de este hombre. Su esposa lo había abandonado; su matrimonio había fracasado. Cargaría durante toda la vida el estigma del divorcio. Pero lo que dijo ese día se centraba en otro asunto que a menudo surge con respecto a nuestras heridas: nuestra desilusión con Dios. John Stott afirma que "el verdadero aguijón del sufrimiento no es la desgracia en sí, ni tampoco el dolor o la injusticia que éste suscita, sino el aparente abandono de Dios. Podemos tolerar el dolor, pero no nos es posible soportar la aparente indiferencia de Dios."[37]

De acuerdo con las Escrituras, Dios nos ama "con amor eterno" (Jeremías 31.3); Dios es

Fiel... a su palabra
Y bondadoso en todas sus obras. (Salmo 145.13)

Deberíamos por lo tanto "confiar siempre en él" (Salmo 62.8). Dado que el Señor es nuestro pastor, tenemos todo lo que necesitamos (Salmo 23). Nos proporciona pastos verdes y aguas tranquilas; nos protege para que ningún mal ni ningún enemigo puedan dañarnos. Sin embargo, ¿nos abastece Dios y nos protege *siempre* de la manera en que lo expresa el tan conocido Salmo veintitrés? No. Y en ese momento es cuando sentimos que se nos clava el aguijón de la desilusión con Dios.

Virginia conoció ese aguijón. Y como resultado, se apartó de la iglesia. De hecho, ella no había asistido a ningún culto durante quince años. Pero unos pocos meses después que fui nombrado pastor en la iglesia, inesperadamente regresó un domingo a la mañana y a partir de ese momento, nunca dejó de asistir.

Una tarde fui a su casa a visitarla. Después de conversar por un rato, le dije: "Todos en la congregación están tan contentos de que hayas regresado. Me han dicho que antes solías ser un miembro muy activo. Pero, siento curiosidad, ¿por qué dejaste de venir a la iglesia?"

"Es verdad," respondió. "Solía ser muy activa. Enseñaba escuela dominical. Mi esposo y yo, y nuestros dos niños pequeños, apenas se abrían las puertas de la iglesia, allí estábamos los cuatro. Luego, un cierto día, aquí mismo en esta habitación, mi esposo, que tenía sólo cuarenta años, sufrió un ataque cardíaco masivo. Se desplomó en frente de mí y antes de que la ambulancia lo pudiera llevar al hospital, ya estaba muerto.

"Yo estaba desolada," continuó diciendo. "En aquella época, yo no estaba trabajando. Mi esposo era el único sostén financiero de la familia. Ahora me tocaba a mí proveer para todos. Me sentía tan asustada y sola, tan abandonada por Dios. Un día, en un arranque de ira, alcé mi puño y grité: 'Dios mío, esto no es justo. He tratado de seguirte y servirte en todo. ¿Cómo pudiste permitir que algo así ocurriera?'

"De modo que me alejé de Dios y dejé de asistir a la iglesia. Eso fue hace quince años atrás, y ahora me arrepiento de lo que hice. Pero me ha llevado todos estos años poder superar mi dolor y mi enojo. Estoy por fin dispuesta a abrir mi corazón nuevamente a Dios."

Antes de irme de su casa, oramos por que su corazón herido se sanara y por la restauración de su relación con Dios. Pero cuando me iba manejando, me di cuenta que estaba pensando: *¡Qué trágico! Todos esos años de comunión con Cristo y con su iglesia, perdidos a causa de lo ocurrido. Qué terribles consecuencias a largo término pueden proceder de nuestra desilusión con Dios.*

LOS EFECTOS DE NUESTRA DECEPCIÓN CON DIOS

¿Qué efectos tienen dichas experiencias en nuestra relación con Dios? Consideremos las tres más comunes.

1. *La decepción con Dios daña a nuestros receptores de confianza.* El ministro que se sintió defraudado porque Dios no salvó su matrimonio lo dijo bien: "Cuando uno se quema una vez, no desea volver a quemarse de nuevo... Tengo miedo de volver a lastimarme."

Imagínense que están solos en una pequeña capilla, orando sobre un problema con el que han estado luchando. Al orar, Dios les habla: "Entrégame tu problema. Confía en que yo lo resolveré. Y como expresión de tu fe, levántate del banco, ve a la mesa de la Cena, y toma el crucifijo de metal que allí se encuentra. Levántalo de la mesa. Tenlo firmemente." De manera que, como un acto de confianza y de obediencia, ustedes caminan hacia la mesa y toman la cruz.

Ahora imagínense otra persona, por ejemplo, una mujer de treinta y tantos años, orando en esa misma capilla sobre algún asunto de su vida. Ella escucha que Dios le dice lo mismo que a ustedes: "Como una expresión de tu confianza en mí, ve a la mesa de la Cena y toma la cruz." Pero, a diferencia de ustedes, la mujer tiene un tajo profundo en la palma de la mano. El más tenue movimiento de sus dedos le ocasiona una mueca de dolor. Si ella toma la cruz, será algo insoportable. El tajo en la mano hace que su acto de fe sea extremadamente difícil.

Las personas que se han llevado desengaños con Dios, tienen a menudo tajos profundos en las manos. Los receptores de confianza dañados hacen que les sea muy doloroso tratar de acercarse a Dios. Los recuerdos de las decepciones pasadas los convence de que Dios será *siempre* indiferente. Además, les despiertan vergüenza. La sensación de que Dios los ha abandonado les confirma que carecen de todo valor.

2. La decepción con Dios exacerba nuestro enojo con él. Como aquella mujer cuyo esposo falleció a causa de un ataque cardíaco repentino, cuando nos sentimos abandonados, deseamos gritarle a Dios: "¿Cómo pudiste permitir esto? Es tan injusto. ¿Por qué no lo evitaste? ¿Por qué no estabas allí para ayudarnos?"

Años después de alguna experiencia dolorosa, podemos estar aún enojados y alzando nuestro puño hacia Dios, sin siquiera darnos cuenta. Durante un servicio de sábado a la noche, el pastor de una iglesia donde me encontraba liderando un fin de semana de renovación espiritual, compartió con su congregación cómo le había estado hablando el Señor. Él tenía unos treinta y cinco años, pero aquella mañana, en un taller, mientras yo estaba exponiendo sobre la ira con Dios, él se vio a sí mismo como un niño de apenas trece años. Sus padres se estaban divorciando. Las lágrimas corrían por sus mejillas mientras él, de pie a la entrada de su casa, miraba cómo su padre se alejaba de la casa en su automóvil por última vez.

"Todos estos años he estado encolerizado con Dios a causa de eso," confesó. "Yo estaba enojado con él porque no los había mantenido a mis padres unidos, y ni me daba cuenta de ello. Ahora veo hasta qué punto ha estado afectando mi capacidad para confiar y recibir el amor de Dios."

Como resultado del enojo alimentado por las decepciones sufridas, muchos cristianos sinceros se ven movilizados por fuerzas opuestas. Una mano se encuentra abierta, estirada hacia Dios. Las palabras de una antigua plegaria expresan el profundo anhelo que tienen de una relación más íntima con Dios: "Verte con más claridad, amarte con mayor énfasis, y seguirte más de cerca." Pero la otra mano está con el puño cerrado, alzada en contra de Dios. ¡Es como si manejaran un automóvil con un pie sobre el acelerador, mientras que con el otro aprietan el freno! Su ira no resuelta socava sus deseos de crecer espiritualmente.

3. Las decepciones con Dios exponen a nuestros ídolos. Vimos anteriormente cómo la vergüenza se encuentra a menudo sujeta a los dioses falsos que veneramos. Lo mismo ocurre con nuestros desengaños.

Sobre una de las paredes de mi escritorio en mi casa, cuelga un versículo bíblico enmarcado: "Deléitate en el Señor, y él te concederá los deseos de tu corazón (Salmo 37.4). Este maravilloso versículo nos incita a convertir al Señor en el centro de nuestra atención y en nuestro gozo. Si lo hacemos, Dios promete satisfacer los deseos de nuestro corazón. Pero, a menudo alteramos el orden y vivimos de acuerdo a nuestra propia versión: "Deléitate en los deseos de tu corazón, y pídele al Señor que te los conceda." En otras palabras, lo servimos a Dios para poder obtener lo que deseamos. Suponemos que a cambio de nuestros servicios, él se verá obligado a concedernos nuestros deseos.

¿Qué ocurre cuando Dios no los satisface? Nos sentimos decepcionados, a veces hasta traicionados. Contábamos con la ayuda de Dios, pero él nos falla. Sin embargo, la verdad es que no importa lo que hayamos supuesto cuando nos inscribimos como sus discípulos, Dios nunca prometió consentir nuestros deseos egoístas.

De modo que nuestras decepciones con Dios provienen a menudo de nuestras falsas expectativas. Y detrás de nuestras falsas expectativas se encuentran ocultos los ídolos, esos ídolos falsos que veneramos.

Después de su graduación, un seminarista regresó para ser pastor de una iglesia de su denominación en su estado natal. El ya conocía y amaba a muchos de los pastores allí y estaba muy entusiasmado de ser considerado su colega. Supuso que frente a él yacía una carrera ministerial promisoria.

Sin embargo, lo que él pensó que sería el gran comienzo de su carrera resultó ser una experiencia que lo sacudió y destruyó sus sueños. A lo largo de una serie de circunstancias muy inusuales, cayó víctima del tratamiento áspero e injusto de sus colegas y de aquellos que poseían autoridad sobre él. Por consiguiente, se vio forzado a dejar no sólo la iglesia, sino también la denominación. Quebrantado y desilusionado, se mudó a otro estado.

A lo largo de los siguientes cuatro años, lentamente se fueron sanando sus profundas heridas. El poder aceptar su desilusión con Dios jugó un rol muy importante en su sanidad. Poco a poco, la profunda ira que sentía hacia Dios se fue disolviendo, y se fue restaurando su confianza rota en mil pedazos.

Un día, mientras estaba orando, se dio cuenta de cuánto había vivido para la aceptación y la aprobación de sus colegas ministeriales. Su status y su reputación en la denominación le habían significado todo. Había fabricado un ídolo de ello. Ahora por fin se daba cuenta de la razón por la cual estaba tan desilusionado y enojado con Dios: en vez de apoyar a su ídolo, Dios había permitido que fuera destruido.

Se le llenaron los ojos con lágrimas de arrepentimiento: "O, Dios," exclamó, "perdóname por desear su afirmación y su favor aún más que el tuyo." Pronto, las lágrimas de dolor se entremezclaron con lágrimas de gratitud. "Gracias, Señor," oró. "Tú me amaste tanto, que no me permitiste vivir con la ilusión de que podría encontrar mi máxima satisfacción en algo que no fueras tú." Al permitir que su ídolo fuera destruido, Dios había refinado sus motivos y purificado su amor.

EL LLEVAR NUESTRA DESILUSIÓN CON DIOS A LA CRUZ

Mientras que colgaba de la cruz, Jesús mismo se sintió decepcionado, aun abandonado por Dios. Después de estar allí suspendido durante seis horas, finalmente profirió su desilusión. De acuerdo con el relato de Marcos, él "gritó a voz en cuello: —*Eloi, Eloi, ¿lama sabactani?*" (15.34). En arameo, el idioma en el que realmente hablaba, Jesús estaba recitando un versículo familiar, el Salmo 22.1: "Dios mío, Dios mío, ¿por qué me has abandonado?" En su exclamación amarga de abandono, él convirtió esas palabras en las suyas propias.

Sin embargo, Jesús no gritó sólo por él, sino también por nosotros. Él le dio expresión a todos los gemidos de la humanidad, de toda la creación (Romanos 8.22), decepcionada con Dios. En la cruz no sólo se anticipan nuestros gemidos, sino que también se ven envueltos en los de él.

Por supuesto, Jesús no era la primera persona recta que expresaba su desilusión con Dios. La Biblia ofrece numerosos ejemplos, en especial en los Salmos y en el libro de Job. Aún así, muchos cristianos vacilan en expresar su decepción. "Si Dios ha permitido que algo ocurra, ¿qué derecho tienes de quejarte de ello?" se les ha dicho. Mejor es resignarnos a lo que Dios ha ordenado, aceptarlo sin hacer ninguna pregunta. A menudo, las iglesias no suelen ser los lugares donde la gente se siente libre de expresar su desilusión con Dios o de hacer preguntas algo difíciles de responder. Aquellos que se atreven a hacerlo son muchas veces avergonzados y se les ordena que se callen.

Pero si Jesús gritó abiertamente en voz alta: "Mi Dios, mi Dios, ¿por qué?" ¿no debería eso darnos permiso para gritar también? Pierre Wolff dice: "Si Jesús en toda su perfección tuvo la audacia de preguntarle a su Padre: '¿Por qué?', nosotros podemos expresar a Dios todos nuestros por qué, ya que el Hijo del Hombre abarcó el nuestro. Ninguno de nuestros por qué puede ser excluido del suyo, porque todos nuestros por qué se sanan por medio del suyo."[38]

Wolff pasa luego a hacer una curiosa sugerencia: Jesús no sólo gritó como el Hijo del Hombre, sino también como el Hijo de Dios. Su por qué era también el por qué de Dios acerca del pecado y el sufrimiento de la creación. Más aún, dado que nosotros, los que estamos en Cristo, somos también hijos e hijas de Dios, habrá momentos en que, por medio del gemir del Espíritu en nosotros (Romanos 8.26-28), nuestros por qué serán también los de Dios. En dichos casos "nuestra sublevación expresa la sublevación propia del Padre, más que la rebelión humana en contra de él. Nosotros pensamos que estamos acusándolo, mientras que en realidad, ¡él está interrogando con pena al mundo por medio de nosotros!"[39]

Wolff habla de una época en la que, mientras estaba consolando a una pareja cuyo hijo había muerto en un accidente sin sentido, él fue testigo de lo dicho anteriormente. La madre del niño estaba abiertamente expresando su desilusión y su ira en contra de Dios por la muerte de su hijo. El padre, por otro lado, creía que debía confiar en Dios mediante una resignación humilde y silenciosa.

Al principio, Wolf se sentía incómodo con las protestas de la madre. La fe del padre parecía ser mucho más fuerte que la de ella. Pero a medida que continuaron hablando, la percepción que tenía de los sentimientos negativos de ella, cambió. "De repente, comprendí que ella era para nosotros una testigo del dolor de Dios." De modo que le dijo: "No acuse al Señor; él está pensando probablemente lo mismo que usted. No piense que usted está en contra de él; él está a su lado, hablando a través de usted. Nuestro Padre ha también 'perdido' un hijo."[40] Cuando ella escuchó aquellas palabras, sintió que la invadía una paz inmensa.

"Dios mío, Dios mío, ¿por qué me has abandonado?" En la cruz, Jesús no le dio sólo expresión a su propio dolor y desilusión, y al nuestro, sino también al de Dios. Su grito de abandono es por lo tanto una invitación a expresar libremente nuestra decepción

¿Por qué me has abandonado?

con Dios. Al pie de la cruz, nuestros dolorosos gritos de lamento son bienvenidos.

CÓMO SUPERAR LOS EFECTOS DE NUESTRA DESILUSIÓN CON DIOS

He dicho anteriormente que las desilusiones con Dios pueden dañar los receptores de nuestra confianza, exacerbar nuestra ira y exponer nuestros ídolos. Es interesante que estos tres temas se encuentren presentes en el drama de la crucifixión de Cristo. En el Calvario, la fe de Jesús es probada más que nunca (confianza). Él es objeto de la ira de la gente (ira), la cual se ve alimentada por sus expectativas egoístas de un mesías político (idolatría). Examinemos entonces estos temas uno a la vez.

La confianza dañada. En la cruz, Jesús luchó por mantener su confianza en Dios. Mientras estaba allí colgado, los líderes religiosos lo provocaban con estas palabras: "Él confía en Dios: pues que lo libre Dios ahora, si de veras lo quiere. ¿Acaso no dijo: 'Yo soy el Hijo de Dios'?" (Mateo 27.43). Sin embargo, Dios *no* lo liberó. Dios parecía indiferente. Ese viernes al mediodía se oscureció el cielo: una gruesa oscuridad escondió el sol y también escondió el rostro de Dios. Esta vez no se escuchó ninguna voz proveniente del cielo—sólo el silencio, hasta que Jesús gritó: "Dios mío, Dios mío, ¿por qué...?

Ese grito es la única instancia en el relato de los Evangelios en la que Jesús no se dirige a Dios en la forma íntima y personal "Mi Padre," sino que en cambio utiliza la manera más formal y distante "Mi Dios." Aquello con lo que había batallado en Getsemaní, lo que le había implorado a su Padre que no ocurriera, finalmente le sucedió. En la profunda oscuridad del Gólgota se sintió abandonado por Aquél que siempre había llamado Padre, Aquél que lo había llamado su Hijo amado. Muchos siglos antes, el profeta Amós describe de manera conmovedora la escena:

En aquel día —afirma el Señor omnipotente—,
Haré que el sol se ponga al mediodía,
Y que en pleno día la tierra se oscurezca...
Será como si lloraran la muerte de un hijo único,
Y terminarán el día en amargura. (Amos 8.9-10)

En la cruz, los lazos de confianza entre el Padre y el Hijo parecen desintegrarse. Como dice el teólogo Jürgen Moltmann: "El amor que une el uno al otro se transforma en una maldición divisora."[41] En esa espantosa experiencia, mientras que el Hijo carga con los pecados del mundo, y el Padre, cuyos ojos son demasiado puros como para ver el mal (Habacuc 1.13), aleja su rostro, Dios parece misteriosamente separado de Dios. Dios abandona a Dios. En las palabras de Martín Lutero, vemos a "Dios luchando con Dios." Separados el uno del otro, la relación entre el Padre y el Hijo parece quebrarse.

Sin embargo, en la cruz, el Padre y el Hijo nunca han estado más unidos que ahora, nunca más estrechamente ligados. Son uno en su renuncia, uno en su entrega. El Padre entrega al Hijo. Como dice Pablo, Dios "no escatimó ni a su propio Hijo, sino que lo entregó por todos nosotros" (Romanos 8.32). El Hijo, a su vez, se entrega a sí mismo a la voluntad del Padre. Él
Se humilló a sí mismo
Y se hizo obediente hasta la muerte,
¡Y muerte de cruz! (Filipenses 2.8)

De modo que el Padre y el Hijo están unidos aun en su separación, sostenidos por la unidad de su voluntad y propósito.

"¡Padre, en tus manos encomiendo mi espíritu!" (Lucas 23.46). En sus palabras finales desde la cruz, Jesús reafirma su conexión con Dios. Esas palabras, también de los Salmos (31.5), las recitaban comúnmente los niños judíos como una oración antes de irse a dormir. Es probable que Jesús la haya aprendido sentado sobre las rodillas de María. Sus últimas palabras, entonces, son una afirmación de fe. Él se dirige nuevamente a Dios como Padre, implicando así que él es el Hijo. Se deposita en las manos de Dios. Como dicen las Escrituras: "se entregaba a aquel que juzga con justicia" (1 Pedro 2.23).

De modo que los líderes religiosos tenían razón en decir: "Él confía en Dios." Así fue. Cuando se sintió completamente abandonado por Dios, su fe puede haber flaqueado, pero no falló. Él murió con una oración de fe como la de los niños en sus labios.

Cuando llevemos nuestros receptores de confianza dañados a la cruz, capacitemos sobre lo que su fe significa para nosotros. En Gálatas 2.19-20, Pablo declara: "He sido crucificado con Cristo." Por consiguiente, nosotros ya no vivimos, sino que Cristo vive en nosotros; y la vida que ahora vivimos en el cuerpo, la vivimos "por la fe en el Hijo de Dios." Esta última frase podría también traducirse: "por la fe *del* Hijo de Dios."

Por supuesto que existe verdad en ambas traducciones, pero a la luz de los receptores de confianza dañados que dificultan nuestra fe *en* el Hijo de Dios, la fe *del* Hijo de Dios cobra un significado especial. Al pie de la cruz, su fe, la cual perduró hasta el final, nos puede ser impartida. Se lleva a cabo un maravilloso intercambio: nuestra confianza dañada por su fe inalterable. El cambio puede ocurrir de repente, pero a menudo es gradual. Es posible que estemos durante mucho tiempo bajo la cruz con los receptores de nuestra confianza dañados. No importa cuánto tengamos que esperar, podemos estar tranquilos: recibiremos la fe *del* Hijo de Dios, lo cual nos capacitará para volver a confiar nuevamente. En la frase de uno de los himnos de Fanny Crosby: "Las cuerdas que han sido rotas volverán nuevamente a vibrar."[42]

La ira contra Dios. Suspendido en la cruz, Jesús fue el centro de la ira de los líderes religiosos, los soldados y el populacho. Incluso, uno de los ladrones que estaba siendo crucificado junto con él, se volvió en su contra. Desde el arresto de Jesús hasta su crucifixión, se derramó toda la hostilidad de los demás en él mientras que se mofaban de él, le escupían en la cara, lo azotaban, lo amenazaban con sus puños y le incrustaban los clavos. En la cruz no fueron "pecadores en las manos de un Dios airado" sino "Dios en las manos de pecadores encolerizados." Cristo se convirtió en la víctima dispuesta e inocente de su furia.

Pero no sólo de su furia—de la nuestra también. Frank Lake tiene razón: "Nosotros asistimos a la crucifixión en nuestras multitudes, nos volvemos en contra del Sanador, fortaleciendo las manos de sus perseguidores, y gritando, llenos de *rabia* y rencor, 'Crucifíquenlo'. Nuestra furia se concentra en él mientras que le martillean los clavos a través de sus huesos y los utilizan para sujetarlo en lo alto."[43]

"¿Dónde te encontrabas tú cuando crucificaron a mi Señor?" Sí, nosotros *estábamos* allí —toda la raza humana— todos nosotros. Martín Lutero dijo que llevamos los clavos en nuestros bolsillos. Nuestro enojo con Dios por no librarnos y nuestras protestas indignadas por las injusticias de la vida emergen con toda su fuerza al pie de la cruz. Allí estuvimos de pie, asesinos enfurecidos de Dios y sin embargo —qué asombroso amor es éste—como los amados de Dios también.

Entonces, ¿qué deberíamos hacer con nuestra ira alimentada por nuestra desilusión con Dios? A menudo, los cristianos vacilamos en admitir que estamos enojados con Dios, y vacilamos aún más en expresar abiertamente nuestro enojo. Sin embargo, la cruz osadamente proclama que no importa cuán intensa o explosiva sea nuestra ira, no puede separarnos del amor de Dios. La cruz prueba de que no hay absolutamente nada que no le podamos expresar a Dios. Podemos sacudir nuestros puños, escupir, despotricar, lanzar nuestra amargura, dar rienda suelta a nuestra furia contra Dios—nada realmente importa. Porque ya se ha llevado a cabo—el viernes Santo. Y como *ustedes* estaban allí, ya lo han hecho— ¡y sin embargo Dios aún los ama!

La cruz proclama que nuestra ira no intimida a Dios. Él se

encarga de ella. De hecho, la cruz es el gran absorbente de ira del universo. La furia, la ira de toda la humanidad contra Dios, fue acarreada en el cuerpo quebrantado de Cristo. La cruz, entonces, es un lugar seguro a donde podemos llevar nuestro enojo contra Dios. Allí podemos reconocerlo como propio; podemos admitir que estamos enojados con Dios. Y luego podemos desprendernos de él y dárselo a Cristo allí mismo. En vez de estar cargando con la ira o dándole rienda suelta sobre los demás, podemos permitir que él la cargue por nosotros.

En uno de los servicios de sanidad llevados a cabo en el predio del seminario donde yo trabajo, una mujer llamada Carol pasó al frente para recibir oración. Yo la había aconsejado varias veces antes de este servicio, y sabía que ella estaba comenzando a darse cuenta de cuán enojada estaba con Dios por el dolor y las injusticias de su pasado. "¿Cómo puedo orar por ti?" le pregunté cuando ella se acercó al frente. Ella sacudió su dedo índice junto a mi cara y gruñó furiosa entre dientes: "Odio a Dios. Odio a *tu* Dios."

Existió una época en la cual su respuesta me hubiera desconcertado. Pero sabiendo lo que sabía sobre ella y sobre la cruz, me pareció que su respuesta honesta era algo fresco y llena de promesas. "Llevemos eso a la cruz ahora mismo," le sugerí. "Tu confesión de que odias a Dios, haz que ella sea tu ofrenda, tu sacrificio de alabanza hoy a la noche."

Lo que le sugerí la sorprendió, pero asintió, de modo que proseguimos. Oramos juntos, y ella admitió cuán enojada estaba con Dios por la pena y las injusticias de su vida. Luego depositó su ira al pie de la cruz. Le pedimos a Jesús que la llevara y la quitara, de manera que nunca más se erigiera como una barrera entre ella y Dios. Por último, oramos que el amor de Dios inundara su corazón como nunca antes lo había hecho.

Nuestro momento de oración no fue ni dramático ni emocional, pero aquella noche, ella dio un paso importante hacia delante. Al reconocer su ira con Dios, comenzó a desprenderse de ella.

Cristo la podía cargar ahora en su cuerpo quebrantado. Al reducirse su enojo, fue reemplazado por el amor de Dios.

¿Necesitan tomar un paso como ése? Oren e inviten al Espíritu Santo, quien Jesús dijo que nos guiaría a toda la verdad (Juan 16.13), para que nos muestre si estamos enojados con Dios a causa de penas pasadas y desilusiones de nuestra vida. A medida que el Espíritu nos revele nuestros puños apretados, llevémoslos a la cruz. Ofrezcámoslos al Señor Jesús, y démosle permiso para que los convierta en manos abiertas.

Los ídolos expuestos. El domingo de Ramos, las multitudes habían agitado las ramas y gritado: "Hosanna"; el viernes Santo habían agitado sus puños y gritado: "¡Crucifícalo!" ¿Qué fue lo que causó ese giro dramático de 180 grados en la opinión pública? ¿Por qué se volvieron de repente en contra de Jesús?

"Nosotros abrigábamos la esperanza de que era él quien redimiría a Israel" (Lucas 24.21), se dijeron en la primera Pascua el uno al otro dos discípulos descorazonados mientras caminaban a lo largo del camino a Emaús. Sus palabras expresaban sus expectativas del Mesías y las expectativas de todos los demás: de que él sería un rey conquistador, un mesías que los libertaría de la tiranía de Roma y que le restauraría la gloria política a Israel.

El desfile del domingo de Ramos elevó sus esperanzas. Jesús parecía estar a punto de declararse rey. Pero no complacería sus expectativas. Él insistió en ser un siervo sufriente; definitivamente *no* lo que ellos deseaban. ¡Qué desilusión! Para el viernes Santo, su decepción se había convertido en desprecio y, más allá de eso, en furia asesina. De modo que su desilusión fue el fruto de sus falsas expectativas. Y detrás de ellas merodeaba el ídolo que ellos veneraban: el poder político y militar.

El Cristo resucitado apareció y comenzó a caminar con los dos discípulos desanimados hacia la aldea de Emaús. Él les preguntó por qué estaban tan tristes y escuchó con simpatía mientras ellos le contaban con dolor cómo el hombre que ellos pensaban que era

¿Por qué me has abandonado?

el Mesías había sido crucificado. Entonces, él los encaró, exponiendo sus falsas expectativas: "¡O insensatos, y tardos de corazón para creer...! ¿No era necesario que el Cristo padeciera estas cosas, y que entrara en su gloria?" (Lucas 24.25-26 RVR60). Cuando llevamos nuestras desilusiones a la cruz, es posible que nosotros también seamos encarados. El Mesías sufrido, el que fue crucificado, nos revelará nuestras falsas expectativas y expondrá nuestros ídolos. Será doloroso y desconcertante, otro golpe a un corazón que ya está desengañado. Puede ser que sintamos la tentación de alejarnos corriendo. En vez de ello, caminemos hacia la cruz. Invitemos el enfrentamiento. Demos permiso al Señor para que exponga nuestros ídolos, aun que los destruya.

"Entonces se les abrieron los ojos y lo reconocieron" (Lucas 24.31). Como los dos discípulos en el camino, nuestro momento de reconocimiento también vendrá. Jesús se nos revelará personalmente, aun en el enfrentamiento; él nos dará a conocer su presencia. Entonces nos encontraremos diciendo, así como lo hicieron ellos: "¿No ardía nuestro corazón mientras conversaba con nosotros en el camino"? (Lucas 24.32).

"Al instante se pusieron en camino y regresaron a Jerusalén... los dos... contaron lo que les había sucedido en el camino" (Lucas 24.33, 35). Ellos les tuvieron que contar a los demás lo que el Señor había hecho. Y nosotros lo haremos también. En la cruz, los corazones cargados de desilusiones pueden convertirse nuevamente en corazones ardientes. Y los corazones ardientes van a convertirse sin duda en corazones audaces y valientes.

PREGUNTAS PARA REFLEXIÓN PERSONAL O EN GRUPO

1. ¿Cuándo se ha sentido desilusionado con Dios? ¿Le ha afectado su deseo de orar y de concurrir a la iglesia? ¿Ve evidencias en su vida de "receptores de confianza dañados" y de ira contra Dios? ¿Hacen posible sus dudas en confiar en

Dios que usted se relacione con la analogía de tener un pie sobre el acelerador mientras que con el otro aprieta el freno?
2. "De modo que nuestras decepciones con Dios provienen a menudo de nuestras falsas expectativas. Y detrás de nuestras falsas expectativas se encuentran ocultos los ídolos, esos ídolos falsos que veneramos." ¿Qué falsas expectativas ha depositado en Dios? ¿Qué dioses falsos merodean detrás de ellas? ¿Está dispuesto a darle a Dios permiso de exponer sus ídolos?
3. ¿Ha sentido alguna vez que era malo o deshonroso expresar su decepción con Dios? ¿De qué manera le da permiso el grito de Jesús en la cruz "Mi Dios, mi Dios, ¿por qué?" de expresar esos sentimientos?
4. "Al pie de la cruz, su fe, la cual perduró hasta el final, nos puede ser impartida. Se lleva a cabo un maravilloso intercambio: nuestra confianza dañada por su fe inalterable." ¿Necesita que Jesús le imparta a usted su fe?
5. "Oren e inviten al Espíritu Santo, quien Jesús dijo que nos guiaría a toda la verdad (Juan 16.13), para que nos muestre si estamos enojados con Dios a causa de penas pasadas y desilusiones de nuestra vida. A medida que el Espíritu nos revele nuestros puños apretados, llevémoslos a la cruz. Ofrezcámoslos al Señor Jesús, y démosle permiso para que los convierta en manos abiertas." ¿Cuál es su respuesta a esta valiente oración e invitación?

5

Él llevó cautivo al cautiverio

> Mientras estaba allí suspendido, atado de manos y pies al madero en aparente debilidad, ellos se imaginaron que lo tenían en su poder, y se lanzaron contra él con toda su furia. Pero, lejos de sufrir su ataque sin resistencia alguna, él forcejeó con ellos hasta dominarlos, arrebatándoles toda la armadura en la cual confiaban, y los levantó en alto con su poderosa mano extendida, exhibiendo a todo el universo la impotencia de ellos y su propia fortaleza imposible de vencer.
>
> F. F. BRUCE

Al reflexionar sobre sus años de práctica como psicólogo clínico cristiano, Gary Moon calculó una vez la cantidad de horas que había pasado escuchando a la gente. En aquel tiempo, el total era el equivalente a diecisiete meses de siete días a la semana, las veinticuatro horas del día, aconsejando sin parar. Cuando consideró las miles de personas que se habían sentado en su consultorio, le impresionó su increíble diversidad. Al igual que sus rostros, no existían dos problemas que fueran exactamente iguales.

A medida que continuó reflexionando, Moon se sintió más impresionado aún por la asombrosa similitud entre sus pacientes, por los hilos comunes que corrían a lo largo de sus historias. "Puedo decir con total convencimiento," escribe él, "que cuando paso apenas una hora con un cliente, se evidenciará uno de tres temas bien definidos. Y en múltiples sesiones, los tres emergerán."[44] Él rotula a estos temas que se repiten como "déficit de compasión," "narcótico de la conducta" y "los dos yo."

De la misma manera que el motor de un automóvil requiere aceite para su correcto desempeño, los seres humanos necesitan el aceite de la compasión o del amor incondicional para poder funcionar. Cuando no hay suficiente aceite habrá un déficit de compasión, sobre todo en nuestros primeros años de formación. Sin excepción alguna, aquellos que han venido para recibir consejo lo llevaron rápidamente a Moon a lugares y épocas en las que habían experimentado un déficit traumático de compasión. Las consecuencias trágicas de ello son "una vida entera de hacer funcionar sus 'motores' sin que tengan suficiente aceite, un desgaste físico y psicológico, y un deseo profundo de ir a casa, a ese lugar donde hallarán el amor que tanto necesitan."[45]

El déficit de compasión puede ser devastador; cuando no somos amados lo suficiente nuestra alma se daña. A diferencia de los motores de los automóviles, los seres humanos no se funden o dejan de funcionar cuando carecen de aceite. A pesar de todo, siguen funcionando. Pero, ¿cómo le hacen frente al dolor y el vacío?

Recurriendo a los "narcóticos de la conducta." Dependen de ellos como lo que les alivia el dolor del déficit de compasión y como la anestesia para la carencia de amor incondicional. Para algunos, los narcóticos son verdaderas sustancias químicas tales como las drogas o el alcohol. Pero para muchos, dice Moon, los narcóticos no son para nada químicos sino que son "patrones y hábitos de la conducta, de relacionarse, de sobrellevar las cosas." Él describe a algunos de los más comunes de la siguiente manera:

- *Hábitos de adicción al trabajo:* Colmamos la mente con tantos pensamientos, sueños, y actividades de éxito que apenas queda espacio para sentir el dolor ocasionado por los sentimientos irracionales y subyacentes de ineptitud.

- *Hábitos de control:* Luchamos constantemente para controlar a los demás, haciendo que su voluntad se sujete a la nuestra, y atando las manos que tememos en secreto que nos golpearán.

- ·*Hábitos de complacer a los demás:* Controlamos constantemente lo que los demás esperan de nosotros, para así evitar el dolor de su rechazo, minimizando la probabilidad de que ello ocurra, convirtiéndonos así en esclavos de nuestro propio servilismo.

- *Hábitos de dependencia:* En vez de disfrutar la libertad de seguir los consejos del amor, siempre sometemos nuestra voluntad a la voluntad de los demás (aun a la de Dios) a causa de nuestros temores y de nuestra ineptitud auto diagnosticada.

- *Hábitos de perfeccionismo:* Usamos la máscara de la perfección y la rectitud para cubrir el tumulto interno y la ambigüedad que experimentamos.

- *Hábitos de escape:* Nos tomamos vacaciones emocionales del dolor por medio del uso de alcohol, drogas, o patrones autodestructivos de conducta para así posponer el efecto del dolor.[46]

Tales narcóticos de la conducta pueden adormecer por un tiempo el dolor del déficit de compasión, pero no pueden proporcionarnos un alivio permanente, ya que no van al meollo del problema. Además, como sustitutos falsos, ellos nos impiden experimentar amor e intimidad.

El tercer tema que comparten los pacientes de Moon es el conflicto entre los dos yo. De acuerdo con Moon: "Sentado en la silla del cliente, siempre hay dos personas que se pelean por ocuparla."[47] El yo falso y el yo verdadero se disputan el trono de la persona. El yo falso desea permanecer en control. Su antídoto para la agonía del déficit de compasión es siempre el mismo: "Acude a los narcóticos de la conducta que ya conoces, y a toda costa, permanece en control." Sin embargo, el verdadero yo desea más que eso. "Desea restaurar el orden correcto y asumir su verdadera identidad. Cuando reina el verdadero yo, el amor es rey... Su justo reinado es la única solución verdadera al déficit de compasión y al problema del abuso de sustancias propio de los narcóticos de la conducta."[48]

Los tres temas recurrentes de Moon son útiles para ayudarnos a entendernos a nosotros mismos. Los asuntos de los que nos hemos ocupado hasta ahora: el rechazo, la vergüenza y la desilusión con Dios caen naturalmente bajo el déficit de compasión, ya que giran alrededor de los pensamientos y de los sentimientos que surgen a raíz de la falta de amor incondicional.

Las adicciones, el foco de atención de este capítulo, caen bajo el segundo tema de Moon, los narcóticos de la conducta. Para adormecer el dolor del déficit de compasión y encontrar sustitutos para el amor incondicional, muchos han caído en patrones de la conducta y en hábitos de relación malsanos como los que Moon describe. De hecho, para una multitud de individuos esos patrones asumen vida propia. Cuando se convierten en algo compulsivo, imposible de manejar y fuera de control, les ponemos el nombre de adicciones.

En *Out of the Shadows* [Desde las sombras], su libro pionero sobre la adicción sexual, Patrick Carnes describe vívidamente el terrible momento en que una persona se da por fin cuenta de que él o ella es un adicto sexual:

> Cuando usted tiene que contar otra mentira más, que por poco la cree usted mismo,... cuando el dinero que ha gastado en la última prostituta equivale a la suma de dinero que necesita para comprarle zapatos nuevos a su niño,... cuando su hijo adolescente descubre su material pornográfico,... cuando ve una persona en la calle con la que ha tenido un encuentro sexual en un baño públi-

co,... cuando toma decisiones de viajes de negocios según la relación amorosa que esté teniendo,... cuando deja su empleo a causa de un enredo sexual,... cuando se sobrecoge interiormente porque sus amigos se están riendo de un chiste sobre exhibicionistas, y usted es uno.[49]

Tantas personas han caído en dichos patrones compulsivos e imposibles de manejar que la adicción se ha convertido en uno de nuestros problemas sociales más urgentes y dominantes. Las principales librerías incluyen a menudo toda una sección de "Recuperación" vinculada a este tema.

¿Tiene acaso la cruz un mensaje para aquellas personas que luchan con las adicciones?

ADICCIÓN E IMPOTENCIA

Los expertos están de acuerdo en que la raíz de la adicción es el déficit de compasión significativo que proviene de una vida de familia tóxica y de traumas personales. Don Crossland pasó más de veinte años en el ministerio antes de que se viera obligado a renunciar a su puesto cuando la congregación se enteró de su adicción sexual. Su experiencia es típica: "Al mirar mi pasado, comencé a darme cuenta de que ya había sido alcanzado por esto durante mi infancia. Allí fue cuando fueron plantadas las semillas de la adicción... Mi infancia se caracterizaba por una falta de apertura emocional y de intimidad humana. Me enseñaron... que los hombres no se abrazan, que los hombres no lloran, y que los hombres no demuestran sus sentimientos."[50]

Por ejemplo, Crossland recuerda vívidamente despertarse de chico durante una violenta tormenta del oeste de Texas. Asustado, corrió al dormitorio de sus padres y se metió en la cama junto a su padre. Éste se despertó de inmediato y lo empujó a su hijo tirándolo al piso. Sintiéndose rechazado y temeroso de la tormenta, Don comenzó a sollozar. Entonces su padre lo reprendió por su debilidad.

—Los niños grandes no lloran —dijo enojado.

Don recuerda también cuando fue abusado sexualmente por un trabajador agrícola y luego por uno de los peones de su padre cuando tenía apenas seis o siete años de edad. El abuso sexual magnificó aún más su vergüenza y su temor de ser vulnerable a los demás.

Como Crossland, la mayoría de los adictos han experimentado un importante déficit de compasión. Durante la infancia, sus necesidades de intimidad, identidad y aptitud no han sido satisfechas. De hecho, los adictos adultos han sido descritos como "esencialmente niños que se esconden en cuerpos de personas grandes, buscando desesperadamente que sus padres los amen incondicionalmente."[51]

A partir de esta raíz adictiva se desarrolla un modo de pensar adictivo que gira alrededor de las creencias centrales a las cuales se adhieren por lo general los adictos:

- Soy esencialmente una persona mala y sin valor alguno y por lo tanto no me merezco el amor de los demás.
- Si realmente me conocieran, nadie me querría.
- Si no satisfago mis propias necesidades, nunca habrán de ser satisfechas.

Estas tres creencias básicas contradicen directamente la revelación de la Biblia de cómo nos evalúa Dios. Él nos ama profundamente. Cuando nos hallábamos en nuestro peor estado, pecadores hostiles y rebeldes, Dios nos amó más que nunca. La muerte de Cristo en la cruz nos demuestra cuánto nos aprecia Dios y cuán extenso es su amor por nosotros. Y, en Filipenses 4.19, Pablo afirma abiertamente que: "Mi Dios les proveerá de todo lo que necesiten, conforme a las gloriosas riquezas que tiene en Cristo Jesús."

Además de fomentar una forma de pensar adictiva, el déficit de compasión también alimenta la ira. Stephen Arterburn observa que "los adictos son personas muy enojadas. La ira que experimentan se alimenta de sí misma, ya que ellos reflexionan de manera incesante en cómo han sido lastimados y todo lo que el mundo les debe. No se pueden relacionar íntimamente con nadie, porque su enojo bloquea la entrega del yo."[52] Detrás de la sonrisa de un adicto se encuentra una persona amargada, que emite constantemente juicios sobre los demás.

Empujados por sus creencias básicas y alimentados por la ira causada por sus propias necesidades no satisfechas, los adictos optan por prestar atención a la voz del yo falso. Ya no dependen entonces de los demás para que satisfagan sus necesidades, ya que cuando lo han hecho en el pasado, se han sentido impotentes y fuera de control. En cambio, se cuidan a sí mismos; buscan el poder y el control haciéndose cargo de todo.

Al no poseer el amor y la intimidad de sus seres queridos en la familia, los adictos se vuelcan a sustitutos tales como las drogas, el alcohol, las compras, el juego, el romance, el trabajo, la comida o las relaciones para que les sosieguen el dolor y llenen el vacío. Al principio, estos sustitutos parecen funcionar bien. Le ofrecen alivio y un "estado de euforia" muy placentero. Refuerzan entonces la mentira: "Realmente, yo *no* necesito a nadie; puedo cuidarme a mí mismo. Soy el amo del universo."

En vez de depender de los demás o de Dios para satisfacer sus necesidades, los adictos aprenden a depender de sus sustitutos. Al haberles entregado el poder y el control a esos sustitutos, a la larga se encuentran esclavizados a ellos e, irónicamente, se sienten nuevamente impotentes y fuera de control.

¿Cuándo ocurre esto? Realmente, ¿en qué momento se convierte en una adicción aquello que podría haber funcionado solamente como un narcótico de la conducta? En su perspicaz libro *Addiction and Grace* [Adicción y la gracia], Gerald May bosqueja cinco características propias de todas las adicciones.[53] La presencia de estas características indica que un narcótico de la conducta se ha convertido en una adicción.

- *Tolerancia.* Los adictos necesitan continuamente más narcótico de la conducta para sentirse satisfechos. Su sistema desarrolla una tolerancia para la conducta o la sustancia, disminuyendo por lo tanto el efecto deseado. De ahí que cada vez les cueste más obtener el alivio del dolor o el placer que necesitan.
- *Síndrome de abstinencia.* Cuando los adictos se ven privados de su narcótico de la conducta, su sistema responde de dos maneras. Primero, cuando el sistema clama por el narcótico, hay una reacción física y de estrés emocional. Luego hay una reacción violenta marcada por los síntomas exactamente opuestos a aquellos causados por el mismo narcótico adictivo de la conducta.
- *Autoengaño.* Los adictos se esfuerzan muchísimo por justificar su conducta y por convencerse a sí mismos de que se encuentran todavía en control. Ellos son los maestros de los trucos mentales, adeptos a la negación, la racionalización y otros diversos mecanismos de defensa.
- *Pérdida de fuerza de la voluntad.* A pesar de sus decisiones firmes, los adictos no pueden detener la conducta adictiva porque su voluntad está dividida. A pesar de que una parte desea abandonar la adicción, la otra parte se aferra con

tenacidad a ella. Su determinación de abandonar no dura demasiado tiempo.
- *La distorsión de la atención.* Los adictos se comienzan a preocupar tanto del objeto de su adicción que les es imposible fijar su atención o su amor en cualquier otra cosa. El objeto en particular se convierte en su preocupación máxima; es su dios. La idolatría se encuentra presente en toda adicción.

De acuerdo con May, la prueba de fuego para saber si una persona sufre alguna adicción es la ausencia de libertad; cuando los deseos y las conductas adictivas se convierten en algo habitual y compulsivo, esclavizando al adicto. Sus voluntades están atadas. *No* pueden parar. Habiendo cambiado la verdad por la mentira, fueron entregados a sus pensamientos adictivos, su lascivia y deseos, y la idolatría de sus dioses falsos (Romanos 1.25-28).

Impotente, la palabra en el corazón mismo del primer paso crucial de los doce pasos de los Alcohólicos Anónimos, es la palabra que mejor describe al adicto: "Admitimos que éramos *impotentes* ante el alcohol, que nuestras vidas se habían vuelto ingobernables." Al alejarse de Dios y de los demás y al volcarse a los sustitutos para recibir amor incondicional, el adicto tiene la esperanza de obtener poder y control sobre su vida. Sin embargo, al final son impotentes, esclavos de los mismísimos sustitutos que pensaban que los irían a liberar.

EL TODOPODEROSO SE CONVIERTE EN IMPOTENTE

A diferencia del adicto que trata de alcanzar el poder a través de algún narcótico de la conducta, durante sus horas finales, Jesús, el Todopoderoso, *escogió* ser impotente. Jesús declara: "Entrego mi vida para volver a recibirla. Nadie me la arrebata, sino que yo la entrego por mi propia voluntad. Tengo autoridad para entregarla, y tengo también autoridad para volver a recibirla" (Juan 10.17-18). En el relato de Juan de esta historia, Jesús estaba a cargo de la situación. Lejos de ser una víctima indefensa entregada a la misericordia de sus enemigos, él comprendió exactamente lo que estaba ocurriendo y siempre permaneció en control. Por ejemplo, cuando los que vinieron a arrestar a Jesús lo toman en su custodia, Juan enfatiza que *ellos* no lo agarraron. En cambio, *él* se entregó a sí mismo en sus manos.

Cuando Judas y el destacamento de soldados llegaron al monte de los Olivos, Jesús les salió al encuentro. "¿A quién buscan?" les preguntó. Cuando le contestaron: "A Jesús de Nazaret," él declaró: "Yo soy." Ellos lo interpretaron como "Yo soy ese hombre." Sin embargo, a lo largo de todo el Evangelio de Juan, cuando Jesús dice: "yo soy" (8.58), él se está llamando por el nombre que se utiliza con mayor frecuencia en el Antiguo Testamento para identificar al Dios de Israel. Por ejemplo, cuando Dios le dice a Moisés que vaya a Egipto y libere a los israelitas, Moisés le pregunta: "'¿Qué les respondo si me preguntan: '¿Y cómo se llama?'" Dios le responde: "YO SOY me ha enviado a ustedes" (Éxodo 3.13-15). Por supuesto, en el jardín aquella noche los soldados romanos no sabían que al utilizar el nombre de Dios, Jesús les daba a entender su igualdad con Dios, pero Juan presume que sus lectores ya lo saben.

Lo que les sucedió a los soldados en el momento en que Jesús les dijo "Yo soy" apunta también hacia su identidad: ellos "dieron un paso atrás y se desplomaron" (Juan 18.6). En las Escrituras, semejante respuesta indica que Dios ha aparecido en la escena (Ezequiel 1.28; Daniel 2.46; 8.18; Apocalipsis 1.17). Los soldados vinieron en la oscuridad de la noche a arrestar a un hombre común y corriente. En cambio, fueron enfrentados por una figura majestuosa y dominante, una que por sus palabras y sus acciones afirmaba ser Dios. Y ése era quien él era (y es): el Soberano y Todopoderoso, que elige ser impotente poniéndose en sus manos.

Al tratar de proteger a Jesús de los soldados, Pedro, impulsivamente, recurre a la violencia. Desenvainando su espada, le corta la oreja al siervo del sumo sacerdote. Pero Jesús no tolera nada de esto. Se niega a pelear contra el poder con poder, a lo menos con poder *violento*. "¡Vuelve esa espada a su funda!... ¿Acaso no he de beber el trago amargo que el Padre me da a beber?" le ordena a Pedro (Juan 18.11). Luego, de acuerdo con el relato de Lucas, Jesús tocó la oreja del siervo y lo sanó (22.51), su último milagro. A partir de ese momento ya no hizo ninguna demostración de poder, sólo una impotencia cada vez mayor.

De manera que Jesús *voluntariamente* se entregó a los soldados. Después de estirar sus manos para sanar al siervo, él ofreció esas mismas manos a los soldados como una señal de no resistencia y entrega. Luego, dice Juan, ellos "prendieron a Jesús y le ataron" (18.12 RVR60). Mateo y Marcos escriben eso más adelante, diciendo que cuando el sumo sacerdote lo envía a Jesús a Pilato, lo atan (Mateo 27.2; Marcos 15.1). Sólo Juan lo menciona como un acontecimiento que tiene lugar en el jardín.

El Verbo Encarnado de Dios por medio de la cual fueron creadas todas las cosas (Juan 1.3), el Todopoderoso cuyas manos les dieron forma a las estrellas y a los planetas, lanzándolos a sus órbitas, permitió que los soldados se las ataran. Él estaba allí, atado delante de ellos, esposado como un criminal común. El Autor de la libertad, el Hijo que nos pone en libertad (Juan 8.36) se rindió a sí mismo y fue tomado cautivo.

La entrega de la libertad y del poder que comienza aquí no sólo continúa durante las horas finales de Jesús, sino que se intensifica. Klaas Shilder define los tres pasos de la impotencia descendente de Cristo. Primero, durante su arresto, cuando lo atan, le roban su poder de *actuar* libremente. Segundo, cuando concluye el juicio, cuando lo sentencian a muerte, lo privan del poder de *hablar* libremente. Una vez que se pronuncia el veredicto, nadie lo escucha más, ya que es un hombre condenado. Tercero, en la cruz, donde se burlan y se mofan de él, aun su poder de *pensar* libremente lo abandona. A medida que los pensamientos viciados de los demás lo acorralan, su mente está demasiado débil como para contrarrestarlos o para formar sus propios pensamientos.[54] Lo que Klaas Shilder analizó, C. S. Lewis lo dramatizó. En *El león, la bruja y el ropero,* la primera de las mágicas Crónicas de Narnia, hay una escena que describe gráficamente la sumisión voluntaria de Cristo y su creciente impotencia. Aslan, el magnífico león y la figura de Cristo en la historia, se entrega por su propia voluntad a la Bruja Blanca y a sus hordas de maldad como rescate para liberar a Edmundo, el niño que se ha convertido en su prisionero. Lucía y Susana, las hermanas de Edmundo, observan desde su escondite cómo se rinde Aslan. Lewis describe lo que vieron las niñas:

> Cuando las criaturas vieron por primera vez al León que se les acercaba, largaron un aullido y un gemido de consternación, y por un instante, hasta la Bruja misma pareció golpeada por el miedo. Luego se recuperó y lanzó una carcajada impetuosa y violenta.
> — ¡El tonto! —gritó—. Ha venido el tonto. Átenlo con firmeza.
> Lucía y Susana contuvieron la respiración esperando que Aslan rugiera y saltara sobre sus enemigos. Pero eso nunca ocurrió. Cuatro hechiceras, sonriendo y lanzando una mirada lasciva, sin embargo también (al principio) manteniéndose alejadas y un poco asustadas de lo que tenían que hacer, se le habían aproximado.
> — ¡Átenlo, les dije! —repitió la Bruja Blanca.
> Las hechiceras se lanzaron sobre él y chillaron con triunfo cuando se dieron cuenta de que él no les

oponía ninguna resistencia. Luego otros—gnomos malvados y simios—corrieron a ayudarlas, y entre todos lo voltearon al enorme León hasta que quedó acostado de espaldas. Le ataron sus cuatro patas juntas, gritando y vitoreando como si ellos hubieran hecho algo valiente, aunque si el León así lo hubiera escogido, una sola de esa patas hubiera podido ser la muerte de todos ellos. Pero él no hizo ningún ruido, ni siquiera cuando sus enemigos, torciéndolo y tirando, jalaron las cuerdas tan tensas que le cortaban la carne. Luego comenzaron a arrastrarlo hacia la Mesa de Piedra...
Él era tan enorme que aun cuando lo consiguieron llevar allí, tuvieron que poner todo su esfuerzo para levantarlo a la superficie de la mesa. Luego hubo más ataduras y tensión de las cuerdas...
Una vez que lo hubieron sujetado a Aslan (y lo sujetaron tanto que él era en realidad una masa de cuerdas) sobre la piedra lisa, todos callaron... La Bruja se desnudó los brazos... Luego comenzó a afilar su cuchillo. Miró hacia las niñas, cuando el reflejo de las luces de las antorchas cayó sobre él, como si el cuchillo estuviera hecho de piedra y no de acero y tenía una forma rara y siniestra...
Las niñas no vieron el momento real de la matanza. Al no poder soportar lo que veían, se habían cubierto los ojos.[55] [Traducción libre.]

Por supuesto, Aslan, como Cristo, resucita triunfante. "Allí, brillando a la luz de la alborada, más grande aún de lo que lo habían visto antes, sacudiendo su melena (ya que aparentemente había vuelto a crecer) estaba parado el mismísimo Aslan."[56] Él regresa para liberar a Edmundo y a todas las demás criaturas de la tiranía de la Bruja Blanca. El largo invierno de Narnia ha llegado a su fin, y por fin es primavera. Pero para poder liberar a Narnia, Aslan, como Cristo, se tuvo que convertir en un prisionero. No obtuvo poder por medio de la violencia sino volviéndose impotente. Él proclama la liberación de los cautivos porque él mismo fue tomado cautivo.

Anteriormente, al describir cómo Cristo superó la vergüenza, resalté una frase en particular de Colosenses 2.15: "Desarmó a los poderes y a las potestades, y por medio de Cristo *los humilló en público* al exhibirlos en su desfile triunfal" (énfasis del autor). Hemos visto cómo, por medio de la crucifixión, los líderes políticos y religiosos tenían la intención de humillar a Jesús en público, pero en cambio, al soportar esa vergüenza, él los humilló a ellos, avergonzándolos al exhibir su verdadera naturaleza. Ellos no eran los aliados de Dios como afirmaban serlo; eran, en cambio, sus adversarios. De lo contrario, no hubieran crucificado al Señor de la gloria (1 Corintios 2.8).

Sin embargo, Cristo no sólo "humilló en público" a los poderes y a las potestades, sino que también, de acuerdo con Colosenses 2.15, también los "desarmó" y "triunfó" sobre ellos en la cruz. En algunos lugares del Nuevo Testamento, la cruz se percibe como una derrota que la resurrección convierte en victoria (Hechos 2.23-36). Sin embargo, Colosenses 2.15 presenta a la cruz misma como una victoria.

¿Cómo puede ser? ¿Cómo puede que el mismo hecho de la derrota sea en realidad una victoria? ¿Cómo triunfa Jesús haciéndose impotente? Jesús mismo nos proporciona la respuesta.

Antes de su arresto, cuando estaba en el aposento alto con sus discípulos, él dijo: "Ya no hablaré más con ustedes, porque viene el príncipe de este mundo. *Él no tiene ningún dominio sobre mí*, pero el mundo tiene que saber que amo al Padre, y que hago exactamente lo que él me ha ordenado que haga" (Juan 14.30-31, énfasis del autor). El diablo y los poderes del mal no podrían haber obtenido *jamás* poder sobre él, ni siquiera en su muerte. Como resultado de esto, él los "desarmó," quitándoles su arma más importante, el poder de la ilusión. Porque aun cuando Satanás y los poderes de la oscuridad son parte de la creación, ellos buscan elevarse al lugar de Dios el Creador. Afirman ser absolutos y por lo tanto dignos de adoración. Luego, por medio del poder de la ilusión, nos seducen para que los reverenciemos.

Sin embargo, Jesús se negó a convertirse en esclavo de su ilusión. Al ser obediente aun a la muerte, él les demostró que no se encontraba sujeto a ellos. Mediante la entrega voluntaria de su vida, probó que su afirmación de poder sobre la vida y la muerte era falsa. Por tanto, cuando Pilato dijo: "¿No te das cuenta de que tengo poder para ponerte en libertad o para mandar que te crucifiquen?" Jesús inmediatamente lo corrigió: "No tendrías ningún poder sobre mí si no se te hubiera dado de arriba" (Juan 19.10-11). De modo que él desarmó a los poderes, arrebatándoles sus armas de ilusión.

Él también triunfó sobre el poder del mal, obteniendo una gran victoria al negarse a desobedecer a Dios, odiar sus enemigos o recurrir a la violencia. Él no triunfó lanzando un feroz ataque frontal en contra de sus adversarios o ganándoles en su propio juego, sino por medio del poder del amor sufrido. Él eligió el camino del perdón, no de la represalia; humildad, no seguridad en sí mismo. Como dijo Pedro: "Cuando proferían insultos contra él, no replicaba con insultos; cuando padecía, no amenazaba" (1 Pedro 2.23). Él tomó todo lo que los poderes del mal le tiraron en su contra, pero sin embargo, permaneció libre, no contaminado, sin comprometerse. El diablo no pudo dominarlo y por lo tanto tuvo que aceptar su derrota.

La resurrección de Cristo de los muertos y su exaltación a la diestra de Dios confirmó y proclamó la victoria que ganó en la cruz. Como lo declaró Pedro en su sermón de Pentecostés: "Sin embargo, Dios lo resucitó, librándolo de las angustias de la muerte, porque era imposible que la muerte lo mantuviera bajo su dominio" (Hechos 2.24). Ahora se habían dado vuelta las cosas. La muerte está bajo *sus* pies; asimismo lo están el diablo y todos los poderes de la oscuridad. "Cuando ascendió a lo alto, se llevó consigo a los cautivos y dio dones a los hombres" (Efesios 4.8).

¡BESEN SUS CADENAS!

¿Qué les dice la cruz a aquellos que están constreñidos por las cadenas de las adicciones?

Primero, tenemos que admitir que no tenemos ningún poder sobre nuestras adicciones. Al hacerse impotente, Jesús obtuvo la victoria sobre el pecado, la muerte y el diablo. Nosotros jamás podremos superar nuestras adicciones hasta que no nos demos cuenta y confesemos que somos impotentes. *No* estamos en control; *no* somos los amos del universo. No podemos dejar el vicio cuando queramos hacerlo. Nuestra fuerza de voluntad no puede competir en contra del poder de las adicciones. El único poder que tenemos es el poder para admitir que somos impotentes. Únicamente al confesar nuestra absoluta debilidad, encontraremos la fuerza para vencer.

Pierre D'Harcourt, quien formaba parte de la resistencia en Francia durante la Segunda Guerra Mundial, descubrió este principio del poder a través de la impotencia que sintió cuando lo capturaron los nazis. Traicionado y más tarde herido en una batalla con armas de fuego, él fue capturado, arrojado en una celda de prisión y esposado a la cama de hierro. La primera hora en su celda fue una de las peores en su vida. Mientras que estaba allí acotado sobre la cama, sintiéndose absolutamente solo y sin esperanza, volvió su rostro hacia Dios y le imploró su ayuda.

Por debajo de todo, más allá de todo, me sentía humillado y derrotado. Yo me había sentido tan seguro de mí mismo, y ahora mi orgullo había decaído. Existía una sola manera de aceptar mi destino para no caer en un abismo de derrota del cual sabía que nunca más volvería a levantarme. Tengo que hacer el gesto de completa humildad ofreciendo a Dios todo lo que he sufrido. No debo tener solamente la valentía de aceptar el sufrimiento que él me ha enviado, sino que además tengo que agradecérselo, ya que me ha dado la oportunidad de encontrar finalmente su verdad y su amor. Recuerdo el alivio del llanto cuando me di cuenta de que esa era mi salvación. Luego sentí la inspiración de besar las cadenas que me mantenían prisionero, y con mucha dificultad por fin lo hice. No soy una persona crédula, pero... no puede haber un ápice de duda en mi mente de que un gran poder del exterior penetró momentáneamente en mí. Una vez que mis labios tocaron el acero, me sentí liberado del terror que me había poseído. Así como las esposas me habían ocasionado el terror de la muerte, ahora, al besarlas, las había transformado de ataduras en la clave... En la negrura de esa noche, mi fe me dio luz. Recobré mi paz y dormí plácidamente, aceptando la muerte que me traería vida.[57]

    Para poder ser liberados de las ataduras de la adicción, nosotros debemos también descubrir ese principio liberador. En vez de pelear en contra de las cadenas de nuestra adicción, besémoslas y reconozcamos nuestra impotencia. No podemos negarla o desesperarnos por ella, así que abrasémosla. La aceptación honesta es el primer paso gigantesco en el camino de la liberación.
    Segundo, en medio de nuestra impotencia, debemos clamar a

Jesús para que su fuerza se perfeccione en nuestra debilidad (2 Corintios 12.9). Nuestra impotencia desata a su poder. Debido al hecho de que él se declaró impotente, no sólo es un poder más alto, sino que ha sido exaltado por Dios hasta el lugar del sumo poder (Filipenses 2.9). Porque "la debilidad de Dios es más fuerte que la fuerza humana" (1 Corintios 1.25). Todo el poder y la autoridad le han sido dados a él. Ese poder, el mismísimo poder que resucitó a Cristo de entre los muertos, nos puede ser impartido a nosotros (Efesios 1.19-20). El Señor puede romper las cadenas de nuestras adicciones. De modo que le debemos pedir que nos libere y darle permiso a que haga todo lo necesario para ponernos en libertad.

Tercero, en nuestra impotencia debemos pedir la ayuda de los demás. No se equivoquen, el lograr la liberación de las adicciones es un proceso muy largo y difícil. El solo hecho de interrumpir el ciclo de la conducta adictiva es ya un logro importantísimo, pero ése es apenas el comienzo. Tenemos aún que lidiar con nuestra forma de pensar adictiva (las mentiras que hemos creído sobre nosotros mismos) y con la raíz de la adicción (nuestras heridas y el déficit de compasión). La mayor parte de los adictos no tienen idea de cuánto cambio interno necesitan antes de poder caminar en una libertad a largo plazo. Como lo explica Ted Roberts: "Esta profundidad de cambio no se logra en un instante. Lleva por lo general entre tres y cinco años pasar por todo el proceso, con Dios obrando milagros a cada paso del camino. Nuestro objetivo no es sólo sacar la soga que nuestra alma tiene al cuello, sino convertirnos en personas que estén experimentando todo lo que Dios tiene para ellas."[58] Un compromiso personal decidido de cambio unido a una relación con los demás en un programa de doce pasos o un grupo de apoyo de recuperación, consejería individual y disciplinas espirituales (tales como adoración, estudio bíblico, oración, participación en un grupo pequeño, participación en el culto cristiano) son todas cosas necesarias para alcanzar ese objetivo.

Esa meta es posible por medio de Cristo, el que aceptó la debilidad y la impotencia para convertirse en el poder de Dios para nosotros. Su gracia es suficiente para nosotros a cada paso del camino. Debido a que él se convirtió en un esclavo, puede ahora proclamar libertad a los cautivos y poner en libertad a los oprimidos (Lucas 4.18).

Confesemos entonces nuestra impotencia y confiemos en él a cada paso de nuestro camino hacia la liberación. Que las palabras del escritor del himno sean nuestra constante oración: "Nada traigo en mi mano; simplemente me aferro a tu cruz."[59]

PREGUNTAS PARA REFLEXIÓN PERSONAL O EN GRUPO

1. ¿Qué memorias tempranas asocia usted con el término "déficit de compasión"? ¿Qué sentimientos acompañan a estos recuerdos?
2. ¿Se ha vuelto alguna vez a los narcóticos de la conducta para entumecer el dolor causado por el déficit de compasión?
   ¿Qué patrón particular de la conducta lo ha atraído con mayor fuerza? ¿La adicción al trabajo? ¿El control? ¿El agradar a los demás? ¿La dependencia? ¿El perfeccionismo? ¿El escape? ¿Cómo han impedido estos falsos sustitutos del amor incondicional que usted experimente amor genuino e intimidad?
3. Mientras que el déficit de compasión forman la raíz emocional de la adicción, las creencias básicas defectuosas moldean la forma de pensar del adicto. ¿Le ha parecido que alguna de estas mentiras son verdaderas? Basándose en las Escrituras, ¿qué verdades sobre usted mismo necesitan reemplazar a estas mentiras? ¿Necesita pedirle al Señor Jesús que le imparta el conocimientos de esas verdades a las profundidades de su ser?
4. "Al alejarse de Dios y de los demás y al volcarse a los

sustitutos para recibir amor incondicional, el adicto tiene la esperanza de obtener poder y control sobre su vida. Sin embargo, al final son impotentes, esclavos de los mismísimos sustitutos que pensaban que los irían a liberar." ¿Se ha encontrado alguna vez en una situación de impotencia como ésta, necesitando sanidad del déficit de compasión y perdón por haberse vuelto hacia un ídolo adictivo? ¿Necesita pedirle al Señor, quien voluntariamente se convirtió en impotente, que quebrante el poder de la adicción en su vida?

5. ¿Ha escuchado alguna vez la historia que cuentan los adictos que se están recuperando sobre cómo sus vidas fueron transformadas después de haber admitido la impotencia que sienten sobre la sustancia de su elección? Al compartir su "experiencia, fortaleza y esperanza" preponderantes, ellos, como Jesús, "humillan en público" al poder que buscaba destruirlos. Se ha dicho de Jesús que "Cuando ascendió a lo alto, se llevó consigo a los cautivos." ¿Cómo ve el fruto de esta victoria desplegándose en su propia vida?

6. Al caminar hacia la libertad, debemos (1) reconocer nuestra impotencia, (2) clamar a Jesús y (3) pedir ayuda a los demás. ¿Cuál de estos pasos libertadores le pide Cristo que tome en este momento

6

Liberación para los que están atados

Cuando Satanás nos ataca, debemos ordenarle que agache la cabeza en el nombre de Jesús. ¡En la parte posterior de la misma encontraremos la huella de un pie con la marca de un clavo!

E. STANLEY JONES

—Si tan sólo pudiera contar hasta tres, —dijo Bill con desaliento—. Pero antes de poder siquiera llegar allí, es como si algo se apoderara de mí y exploto de rabia.

Yo lo había conocido a Bill diez años atrás, cuando él concurría al seminario. Había sido un alumno excelente, destacándose en varias de mis clases avanzadas de teología.

El primer matrimonio de Bill había terminado en un divorcio, y su ira incontrolable había sido un factor importantísimo en la ruptura. Hacía poco tiempo que se había vuelto a casar, pero seguía el mismo patrón de la conducta. "El mes pasado me encolericé tres veces con Diane," confesó con tristeza. "Nos amamos profundamente, y ella ha sido muy paciente conmigo. Pero tengo miedo de que si no me detengo, mi furia terminará por destruir este matrimonio también."

Bill me había venido a ver porque sabía que yo creía en la realidad de lo demoníaco y en la posibilidad de que los cristianos devotos pudieran estar bajo el control o influencia de demonios en ciertas áreas de su vida. "Debo admitir que me ha costado creer en todo eso," me aclaró. "Pero cuando estoy que vuelo de rabia, a veces me parece algo tan extraño a quién soy en Cristo, que he comenzado a preguntarme si algo de todo esto podría ser el resultado de una influencia demoníaca directa." Con la sensación de que Bill estaba en lo cierto, comencé a explicarle sobre lo demoníaco.

"Imagínate a tu ira como si fuera un fuego. Por medio del poder del Espíritu Santo, tú tratas de mantenerla bajo el señorío y el control de Cristo. Pero, ¿qué ocurre si en ciertas situaciones que provocan tu ira, mientras que tú estás intentando mantener las llamas cada vez más intensas bajo control, alguien está echando, al mismo tiempo, gasolina al fuego? ¿Cómo puedes siquiera tratar de que no arda fuera de control?

"Bajo ciertas condiciones, una vez que han obtenido acceso a nuestra vida, los demonios pueden funcionar de esa manera. Actúan como catalizadores extremos, sumándose a problemas ya existentes de modo que a veces nuestra conducta parece ser casi compulsiva. Nuestra fuerza de voluntad no es lo suficientemente fuerte como para soportar sus ataques. Para los cristianos que están endemoniados, el campo de juego en ciertas áreas de sus vidas, en vez de estar parejo, tiene semejante declive ascendente que les es casi imposible correr la carrera para Cristo de manera victoriosa.

"¿Acaso significa esto que las personas endemoniadas no son responsables de su conducta? Al igual que el comediante Flip Wilson, ¿se pueden disculpar, insistiendo que 'el diablo me obligó a hacerlo'? De ninguna manera. Porque no importa cuán importante sea la influencia demoníaca, no es *jamás* el asunto principal en la vida de una persona. Es posible que sea una consecuencia o un fruto mortal y destructivo, pero no es el problema de raíz. Charles Kraft tiene una analogía muy útil. Él dice que los demonios son como ratas, las cuales son atraídas por la basura.[60] El problema principal es la basura, la cual consiste en cosas tales como nuestra persistente conducta pecaminosa, nuestras reacciones a nuestras heridas emocionales, y las influencias y patrones generacionales pecaminosos. Estos son los asuntos por los cuales somos responsables. Cuando nos ocupamos de ellos, cuando nos libramos de la basura, las ratas se quedan sin comida, y es fácil hacer que se vayan."

Lo que le dije a Bill le pareció que tenía sentido. Antes de ocuparnos de lo demoníaco, ya sea que estuviera involucrado directamente o no, necesitábamos considerar la basura en su vida. De modo que comenzamos a explorarla.

En numerosas ocasiones, como niño, había sido profundamente lastimado por el temperamento violento de su padre. El caos creado por la ira explosiva de su padre creó una sensación de miedo y desamparo en Bill. La experiencia de ser avergonzado y humillado por su padre alimentó también su propia ira. A menudo, la reprimía; a veces se desquitaba con su hermano menor. Parecía existir también un patrón generacional, ya que su abuelo era también un hombre muy enojado.

Los dos pecados más persistentes de Bill eran su ira explosiva y su deseo sexual. En situaciones caóticas, cuando se sentía fuera de control, hacía erupción como un volcán. Pero en vez de reducir su enojo, el desahogarse con los demás, sólo lo aumentaba. El ceder a sus deseos carnales se convirtió en una manera de enfrentar el caos. A veces se había volcado a la fantasía, la masturbación, la pornografía o la promiscuidad para encontrar consuelo. Sin embargo, en vez de causarle alivio, el enojo y la lascivia sólo lo conducían a una mayor culpa y depresión, las cuales a su vez causaban dolor y caos, y por consiguiente alimentaban el ciclo que nuevamente comenzaba desde el principio.

Bill estaba muy consciente de las dinámicas emocionales que estaban involucradas en su conducta pecaminosa. Previamente, gracias a la ayuda de diversos consejeros cristianos, él había logrado tomar conciencia de sí mismo. Ellos lo habían ayudado a comprender las raíces del enojo que se proyectaban a su infancia, y le habían también enseñado técnicas de manejo de la ira. Sin embargo, él era todavía esclavo de su ira —de otra manera no hubiera estado en mi oficina— pero yo estaba agradecido por las bases de libertad que se encontraban ya en su vida. Gracias a esos consejeros anteriores, no tuvimos que volver a echar esos mismos cimientos, algo que hubiera llevado bastante tiempo. Podíamos ahora construir sobre lo que ya se encontraba allí.

Existía una clase más de pecado que traté de investigar en Bill: su vínculo, ya sea a sabiendas o no, con actividades relacionadas a lo oculto. Le expliqué que semejante participación, la cual es expresamente prohibida por las Escrituras (Deuteronomio 18.9-13), a menudo abre las puertas a una importante influencia demoníaca. Esto resultó ser un área menor de preocupación, a pesar de que Bill recordó que en una ocasión como niño había jugado inocentemente con un tablero de guija, y en otra, había participado en una sesión de espiritismo.

Habiendo discutido suficientemente los asuntos que habían creado las oportunidades propicias para la influencia demoníaca directa en su vida, ingresamos entonces en un período intenso de oración, en el cual llevamos su basura espiritual y emocional a la cruz de Cristo. Bill se arrepintió y renunció a su inclinación a la ira y a la rabia como amigos que lo ayudaban a lidiar con sus problemas. Renunció además a su participación en diversas formas de lascivia, su resentimiento en contra de su padre y su abuelo, y su participación en actividades ocultas, inocentes o no.

Le recordé lo que dice 1 Pedro 1.18-19: "Como bien saben, ustedes fueron rescatados de la vida absurda que heredaron de sus antepasados. El precio de su rescate no se pagó con cosas perecederas, como el oro o la plata, sino con la preciosa sangre de Cristo, como de un cordero sin mancha y sin defecto." En base a este versículo, cancelamos toda atadura generacional de ira entre Bill, su padre y su abuelo. Luego fuimos a 1 Juan 1.7-9, que afirma que "la sangre de su Hijo Jesucristo nos limpia de todo pecado" y que "si confesamos nuestros pecados, Dios, que es fiel y justo, nos lo perdonará y nos limpiará de toda maldad." Luego, en base a estos versículos, declaramos que Bill estaba perdonado y limpio. Sus pecados habían sido clavados a la cruz de Cristo y ya nadie se los podía reclamar; la basura asociada con esas cosas no existía más. Por consiguiente, no quedaba nada para que las ratas demoníacas—si es que había alguna—se aferraran o se alimentaran de ello.

Por último, con el permiso de Bill y con la autoridad de Cristo, confronté directamente a todo demonio que podría haber logrado alguna influencia en su vida por medio de la basura que había existido allí. Casi de inmediato, Bill me informó que podía ver luces estroboscópicas que lanzaban destellos en sus ojos cerrados, y que no podía evitar que le temblaran los párpados. Comenzaron a correrle lágrimas por sus mejillas, pero él *no* estaba llorando.

Era obvio que algo más, aparte de Bill, estaba allí presente. De hecho, varios espíritus diabólicos estaban en realidad obrando. Después de haber sido identificados y de haber establecido que ellos ya no tenían ningún derecho de estar allí —todo había sido quitado por medio de la cruz de Cristo— le ordené a los demonios que se fueran, y muy pronto lo hicieron.

Al regocijarnos Bill y yo por lo que Jesús había hecho, invité al Espíritu Santo a que lo llenara nuevamente con su presencia. En aquellas áreas de su vida donde había existido una influencia demoníaca, le pedimos al Espíritu que asumiera el control. Antes de salir de mi oficina, le dije que mantuviera sus cuentas al descubierto con Dios, sobre todo si cedía a la ira o al deseo carnal. Lo animé también a que continuara avanzando hasta lograr integridad emocional. Por último, discutimos que, si él esperaba caminar en victoria, sería necesario que morara en Cristo por medio de momentos regulares de oración y lectura de la Biblia.

Ese día en particular marcó un hito crucial en la vida de Bill. En un email que recibí de él casi cinco años más tarde, me decía: "Estoy contento de poder informarte que desde que estuvimos juntos, nunca he vuelto a perder los estribos. Por supuesto, de vez en cuando me enojo, pero nada que siquiera se le parezca a la furia de mi pasado. El campo de juego se niveló verdaderamente, y desde ese día tengo paz y victoria, ¡alabado sea el Señor!"

LA ACTIVIDAD DEMONÍACA EN LOS CRISTIANOS

La actividad diabólica como la que experimentó Bill es otro más de los efectos dañinos del dolor humano.

Al principio, estaba reticente a incluir un capítulo sobre este tema. Debido a su naturaleza controversial y al hecho de que es un asunto propenso a los malos entendidos, no deseaba hacerlo. Pero después de una mayor reflexión y oración, y a la luz de las continuas experiencias de ministerio con verdaderos cristianos como Bill que se encuentran en esclavitud en ciertas áreas de su vida, me convencí de que era necesario incluirlo.

Por supuesto, la mayoría de las heridas *no* traen como resultado la actividad demoníaca. Los efectos que hemos discutido en los capítulos anteriores son casi siempre el resultado de heridas emocionales y no de actividad demoníaca. La actividad demoníaca es una excepción, no la regla, de modo que no debemos suponer de inmediato que exista un demonio rondando detrás de cada área de quebrantamiento o esclavitud en nuestra vida. En cambio, deberíamos por lo general considerar la posibilidad de actividad demoníaca únicamente después de haber explorado otras posibles causas espirituales, psicológicas e incluso fisiológicas.

No obstante, existe un importante número de cristianos como Bill que han buscado ayuda diligentemente y que han explorado las diversas causas, y sin embargo continúan viviendo en derrota y esclavitud. Estoy de acuerdo con Terry Wardle, un consejero y profesor de formación espiritual: "Yo no creo que haya demonios al acecho detrás de cada arbusto. Pero sí creo que un cierto nivel de actividad demoníaca puede ser al menos un factor que contribuye y que bajo ciertas circunstancias es la causa principal de los problemas que encaran algunas personas."⁶¹

Entre los cristianos evangélicos existe un amplio consenso de que Satanás utiliza demonios para tentar y atacar a los creyentes. Pero por lo general, tales actividades diabólicas han sido consideradas como externas. Los demonios, entonces, ejercen presión sobre nosotros desde afuera, de manera muy similar a la influencia de otras personas para lograr que hagamos algo. Ellos pueden darnos sugerencias, plantar pensamientos en nuestra mente, tentarnos a algo o jugar con nuestros temores y nuestras debilidades. Sin embargo, dichas "influencias demoníacas" u "opresiones demoníacas" (frases comúnmente utilizadas para describir tales actividades demoníacas) provienen siempre del exterior y son por lo tanto limitadas.

Sin embargo, ¿puede acaso la actividad demoníaca ir más allá de todo esto? ¿Pueden los demonios ejercer una influencia interna y por consiguiente más directa sobre los creyentes? ¿Puede un cristiano estar *endemoniado*, o sea, habitado o controlado por un demonio? Desde los setenta, un número cada vez mayor de pastores, consejeros, profesores, teólogos y eruditos bíblicos en Norteamérica y Europa han dicho que sí.⁶² Basado en mi estudio de la Biblia y de la historia de la iglesia, y mi experiencia en el ministerio, me encuentro de acuerdo con ellos.

No obstante, para muchos cristianos la sola sugerencia de que la actividad demoníaca sea una posibilidad, suscita de inmediato una serie de preguntas. Las dos más frecuentes son: (1) ¿Acaso la idea de un control o de una influencia interiores no implicaría que el creyente se encuentra poseído por demonios? y (2) ¿Cómo puede un cristiano en quien habita Cristo (Colosenses 1.27) y que es un templo del Espíritu Santo (1 Corintios 6.19) ser al mismo tiempo habitado por demonios?

En respuesta a la primera pregunta, aquellos que afirman la posibilidad de la actividad demoníaca insisten en que las dos cosas no pueden ser equiparadas. La palabra *posesión* implica la propiedad legal y el control absoluto sobre algo o alguien. Como escribe Clinton Arnold: "El ser poseído por el diablo es pertenecerle al diablo y estar completamente bajo su control. Significa que la persona está incapacitada y no puede ya actuar según su propia voluntad."[63] Cuando lo comprendemos de esa manera, es imposible que los verdaderos cristianos estén poseídos por demonios. Jesús es el Señor y el propietario por derecho. Ellos le pertenecen a él y están por lo tanto bajo su posesión.

Gran parte de la confusión sobre este asunto se origina en una traducción desafortunada de la Biblia. Los traductores tradujeron el verbo griego *daimonizomai* como "poseído por demonios" o "poseído por un demonio," aun cuando la idea de la posesión no es inherente a la palabra. Cuando tradujeron el sustantivo griego *daimon*, simplemente lo transcribieron. Así es como obtuvimos la palabra "demonio." Si ellos hubieran simplemente reproducido la palabra *daimonizomai*, la hubieran traducido como "endemoniar" o "estar endemoniado." El significado esencial de la palabra es "someter o estar sometido a la influencia demoníaca."

No sólo se origina la palabra *posesión* en una mala traducción del griego, sino que es también una palabra absoluta que indica propiedad completa y control. *Endemoniado* es una mejor opción porque es una palabra más exacta y también más compatible con los diversos grados de control interno que ejercen los demonios sobre las personas. Es también una palabra que puede ser utilizada para describir a cristianos auténticos. No hay duda de que Jesucristo es su Señor y Salvador y que por lo tanto ellos le pertenecen a él. Pero pueden aún ser descritos como endemoniados ya que, en ciertas áreas de su vida, los demonios continúan ejerciendo bastante control interno. Piensen en ello como si fuera la influencia del delito en una ciudad. Aun cuando el centro de la ciudad y el ayuntamiento se encuentren libres y bajo el control del gobierno, algunos de los callejones traseros o calles adyacentes pueden encontrarse todavía controlados por los delincuentes.

Esto nos trae a la segunda pregunta: ¿Cómo pueden los demonios habitar a los cristianos cuando Cristo habita en ellos? Si nuestro cuerpo es el templo del Espíritu Santo, ¿cómo puede un espíritu maligno habitar también en nuestro cuerpo?

Este pensamiento de lo uno o lo otro se basa en las leyes físicas que declaran que dos objetos no pueden ocupar el mismo espacio a la misma vez. Sin embargo, el problema de aplicar las leyes de la física a los asuntos espirituales es que los espíritus no ocupan espacio de la manera en que lo hacen los cuerpos materiales. El espacio contiene cuerpos, no espíritus. Aun la distinción que he hecho entre espíritus que están localizados interna o externamente, dentro o fuera de la persona, no puede llevarse muy lejos.

Gran parte del lenguaje espacial en las Escrituras que se utiliza para describir realidades espirituales es metafórico y no debe ser tomado en forma demasiado literal. A menudo, los autores de las Escrituras están buscando cómo comunicar la idea de autoridad y control. Por ejemplo, el estar "lleno del Espíritu" no trata principalmente del espacio, como sería el llenar una taza con agua. Podemos vernos fácilmente confundidos cuando lo concebimos de esa manera. En cambio, se trata del estar completamente entregado y bajo el control del Espíritu. De modo que en Efesios 5.18, Pablo contrasta el estar embriagado con vino (bajo el control o la influencia del alcohol) con el estar llenos del Espíritu (bajo el control o la influencia del Espíritu Santo). Entonces, el estar llenos del Espíritu es estar controlados por el Espíritu y por lo tanto, controlados por Cristo.

Las Escrituras indican también que existen diversos grados de entrega al control del Espíritu Santo. Por ejemplo, Pablo describe a algunos de los cristianos de Corinto como "inmaduros... ¿Acaso no se están comportando según criterios meramente humanos?" (1 Corintios 3.3). A pesar de que eran creyentes en Cristo, estaban aún controlados en algunas áreas por los deseos de la carne. ¿Acaso no podríamos decir lo mismo de algunos cristianos con respecto a los demonios? Así como la carne continúa ejerciendo control sobre ciertas áreas de sus vidas, de la misma manera podrían hacerlo los demonios, al punto tal que sería apropiado describirlos como endemoniados.

Deseo comprender más acerca del terreno espiritual. Sé que cuando una persona se convierte al cristianismo se ve transferida del reino de la oscuridad al reino de la luz, del dominio del príncipe de este mundo al dominio del Príncipe de la Paz. En Cristo, ella es una nueva creación (2 Corintios 5.17) y se encuentra ahora bajo una nueva administración. Creo también que, por lo general, ya sea en el momento de la conversión o del bautismo hay una invasión del Espíritu Santo que nos suelta de cualquier directa atadura demoníaca interna.

Sin embargo, en la experiencia real de algunos cristianos, tal no es siempre el caso. Debido a que ciertos asuntos espirituales y emocionales se han quedado sin resolver en su vida, los demonios pueden tenerlos aún agarrados internamente en algunas áreas; ellos no son expulsados automáticamente. Y a menos que se pueda reconocer su presencia y se haga algo al respecto, ellos pueden continuar creando un caos en la vida del creyente.

Terry Wardle ofrece un resumen muy útil. Él sugiere que las personas pueden experimentan actividad demoníaca de cuatro maneras fundamentales: acoso, opresión, aflicción y esclavitud. Existe también una progresión que va de una clase de actividad demoníaca a la siguiente, indicando un nivel más profundo de control o influencia. Así es como él las describe brevemente a cada una de ellas:

> *Acoso.* Tal como vuela un avispón alrededor de la cabeza de una persona, molestándola y distrayéndola, así puede ocurrir en este nivel de

actividad demoníaca. El demonio no evita que la persona siga su curso señalado, pero busca molestarla o desanimarla.

Opresión. Este nivel de actividad demoníaca es como una niebla que está suspendida sobre la persona. Al individuo le cuesta más mantener su rumbo, y a menudo batalla diversos niveles de opresión emocional y espiritual. Puede que le sea más difícil a la persona mantenerse concentrada en lo que es verdadero y correcto.

Aflicción. Con frecuencia, Jesús expulsaba demonios cuando la gente sufría enfermedades físicas. En este nivel de actividad, los demonios tratan de causarles sufrimiento emocional, espiritual y físico a las personas en un esfuerzo por derrotarlas y desmoralizarlas.

Esclavitud. El espíritu demoníaco está ejercitando un cierto nivel de control en una de las áreas de la vida de una persona. Esta actividad demoníaca es posible gracias a las iniciativas personales que le han dado lugar a este tipo de esclavitud. A pesar de los esfuerzos personales por superar el problema de la conducta pecaminosa, la persona tiene gran dificultad para resistir, y falla una y otra vez al tratar de liberarse.[64]

En los casos de actividad demoníaca, la redención y la victoria que fueron obtenidas y ganadas por medio de la muerte de Cristo en la cruz deben ser aplicadas a las áreas particulares donde la persona está experimentando esos tipos de actividad demoníaca.

Por medio del perdón, la sanidad y la liberación, hay que ocuparse de la basura espiritual y emocional y expulsar a los demonios; si no lo hacemos, la persona continuará experimentando derrota.

CLAVADO A LA CRUZ

Jesús vino proclamando libertad a los cautivos y a poner en libertad a los oprimidos (Lucas 4.18-19). "Por el dedo de Dios" echó fuera demonios como una señal de que el reino de Dios había llegado (Lucas 11.20 RVR60), y les confirió autoridad a sus seguidores para que pudieran hacer, en su nombre, lo mismo (Mateo 10.8; Lucas 10.17-20). Él vino a atacar al hombre fuerte Satanás, a vencerlo, y a quitarle las armas en que confiaba y repartir el botín (Lucas 11.22). A lo largo de todo su ministerio, Jesús estuvo involucrado en la guerra y el combate contra Satanás. Juan nos dice que ésta fue la razón por la cual vino el Hijo de Dios: "para destruir las obras del diablo" (1 Juan 3.8). Cada vez que sanaba a los enfermos, echaba fuera a los demonios o ejercía su señorío sobre la naturaleza en caos, Jesús ganaba una batalla en la guerra contra el maligno.

Pero existió una batalla culminante, un viraje decisivo en la guerra, donde Jesús le ocasionó una herida mortal a Satanás. Esa batalla se peleó y se ganó en la cruz donde la cabeza de la serpiente Satanás fue aplastada (Génesis 3.15), y su destino final fue sellado. Cristo murió en la cruz "para anular, mediante la muerte, al que tiene el dominio de la muerte, es decir, al diablo, y librar a todos los que por temor a la muerte estaban sometidos a esclavitud durante toda la vida" (Hebreos 2.14-15).

Sin embargo, ¿cómo fue derrotado el diablo en el Calvario? ¿Cómo ganó Jesús esta gran batalla contra Satanás? En el capítulo anterior, hemos descubierto parte de la respuesta al explicar que, de acuerdo con Colosenses 2.15, por medio de la obediencia hasta la muerte, Cristo "desarmó" a los poderes de la oscuridad y "triunfó" sobre ellos. Al escoger libremente dar su vida en obediencia al Padre, él demostró que no estaba sujeto a ellos y comprobó que la afirmación de que tenían poder sobre la vida y la muerte era falsa. Debido a su obediencia ciega, él se negó además a apartarse de Dios, odiar sus enemigos o recurrir a la violencia en contra de ellos. Gracias a que Jesús permaneció libre, incontaminado y no comprometido, el diablo no pudo lograr ningún control sobre él y tuvo que admitir por último su propia derrota.

En la cruz, Jesús se ocupó también del control que ejerce Satanás sobre toda la humanidad, un aspecto del triunfo de Cristo que es particularmente importante para el problema de la actividad demoníaca. En Colosenses 2.13-15, el apóstol Pablo describe gráficamente la victoria de Cristo: "Dios nos dio vida en unión con Cristo, al perdonarnos todos los pecados y anular la deuda que teníamos pendiente por los requisitos de la ley. Él anuló esa deuda que nos era adversa, clavándola en la cruz. Desarmó a los poderes y a las potestades, y por medio de Cristo los humilló en público al exhibirlos en su desfile triunfal." La versión Reina-Valera 1960 dice: "Y a vosotros... os dio vida juntamente con él, perdonándoos todos los pecados, anulando el acta de los decretos que había contra nosotros, que nos era contraria, quitándola de en medio y clavándola en la cruz, y despojando a los principados y a las potestades, los exhibió públicamente, triunfando sobre ellos en la cruz."

Notemos cómo la victoria que Cristo obtuvo sobre los poderes del mal está sujeta aquí a lo que llevó a cabo Cristo para el perdón de nuestros pecados. De hecho, la relación entre las dos cosas parecería ser una de causa y efecto. El perdón es la base sobre la cual se erige la libertad. Al comentar sobre este pasaje, el erudito del Nuevo Testamento Eduard Lohe afirma: "Sobre la cruz de Cristo se ha borrado el certificado de obligaciones; sobre la cruz de Cristo, los poderes y las potestades han perdido su poder. Por consiguiente, donde hay perdón de pecados, hay libertad de los 'poderes' y de las 'potestades'; hay vida y salvación."[65]

¿Cómo pues ganó Jesús la batalla decisiva en contra de Satanás y sus potestades malignas? No fue superando el poder con poder a través de un encuentro violento y directo con el príncipe de la oscuridad. Jesús utilizó algunas veces ese enfoque para expulsar demonios durante su ministerio terrenal, pero no en su enfrentamiento con el mal en la cruz. La batalla que Jesús y Satanás libraron allí no fue como el choque de dos titanes envueltos en una terrible lucha a muerte. En cambio, Jesús ganó la batalla borrando toda acta que estuviera en contra de nosotros y satisfaciendo las exigencias legales de la misma. San Agustín lo dijo correctamente: "Le complació a Dios que con el fin de rescatar a los hombres de las garras del diablo, el diablo no fuera vencido mediante el poder, sino mediante la justicia."[66]

Al describir la forma en que Jesús venció al diablo por medio de la justicia, Pablo se refiere a la costumbre antigua de cancelar las deudas. La palabra griega que él utiliza para el "acta" que pendía en contra de nosotros es *cheirographon* y ha sido definida como "un documento escrito a mano, específicamente un certificado de obligaciones, una obligación."[67] Le debemos a Dios nuestra vida y nuestra existencia, estando por lo tanto bajo la obligación de guardar su ley. Pero debido a nuestra pecaminosidad, todos nosotros hemos fallado en forma miserable. De modo que el acta de decretos con todas sus exigencias legales equivale a un gigantesco pagaré por el pecado, la enorme deuda que todos tenemos pero que no tenemos la posibilidad de cancelar.

Sin embargo, por medio de su muerte expiatoria en la cruz, Jesús se ocupó del acta y canceló completamente nuestra deuda. Pablo utiliza tres verbos para describir la forma en que Cristo lo llevó a cabo. Él "anuló" el acta (la palabra griega *exaleipsas* significa literalmente que él hizo borrón y cuenta nueva), él "la quitó de en medio" y "la clavó en la cruz."

Algunos eruditos del Nuevo Testamento ven en el acta que fue clavada en la cruz una alusión al *titulus*, la tablilla de madera sobre la cual se anotaban los delitos de la persona. Los romanos la clavaban a menudo por encima de la cabeza de la persona crucificada para que el público pudiera saber por qué él o ella habían sido ejecutados. Sobre el *titulus* que estaba sobre Jesús, Pilato ordenó que escribieran simplemente "el Rey de los Judíos" (Juan 19.19-22). De acuerdo con Colosenses 2.14, si Pablo hubiera ordenado la inscripción, el letrero hubiera dicho: "el Rey que murió—no por sus propios pecados sino por los pecados de los demás." Eso quizás lleve la metáfora demasiado lejos, pero con Peter O'Brien podemos decir aunque sea esto: "Ésta es una manera vívida de decir que gracias a que Cristo ha sido clavado a la cruz, nuestra deuda ha sido completamente perdonada."[68]

Entonces, mediante su muerte, Jesús ha puesto el sello "Pagado" sobre la deuda que teníamos pendiente. La ha declarado nula y sin valor. Hay un verso en el himno popular "It is Well with My Soul" [Todo está bien en mi alma] que lo expresa de manera poderosa:

> Mi pecado, O, ¡la bendición de su pensamiento glorioso!
> Mi pecado, no en parte sino todo,
> Está clavado en la cruz, y ya no lo cargo más,
> ¡Alabado sea el Señor, O alma mía, alabado sea el Señor!
>
> (Traducción libre)

Y gracias a que han sido clavados en la cruz, el diablo ahora no tiene derecho a reclamarlos. El Acusador —ya que eso es lo que el nombre de Satanás significa— ya no posee ninguna acusación legal en contra de nosotros. Por tanto, hemos sido puestos en libertad de nuestro cautiverio en manos de Satanás y todos sus poderes diabólicos.

Jesús no ganó su batalla decisiva en la guerra a través de un ataque directo y frontal contra el maligno, sino quitando el derecho que éste tenía de mantenernos en su poder. Mediante el pago justo de nuestras deudas, él ha quitado todos los reclamos legales que los poderes malignos tenían sobre nosotros. Al liberarnos del pecado, él también nos liberó de Satanás.

Sin embargo, la primera liberación, la liberación del pecado, es primaria. Es por eso que "Cristo murió por nuestros pecados" (1 Corintios 15.3; comparen con 1 Pedro 3.18) es la nota dominante de la comprensión del Nuevo Testamento de la cruz. Pero como consecuencia de esa liberación primaria, una importante liberación secundaria, de Satanás y de todos sus poderes demoníacos, ha también ocurrido.

El comprender esta verdad es algo crucial; de lo contrario, podríamos terminar dándole a Satanás más poder y autoridad que la que ya tiene. Porque a pesar de que el Nuevo Testamento enseña claramente que los seres humanos han caído víctimas y prisioneros de Satanás, nunca le atribuye nuestra esclavitud a algún poder inherente o dominio legítimo que él tenga sobre nosotros. Nuestro cautiverio es una consecuencia de nuestra propia rebelión, por la cual somos nosotros mismos responsables. Comenzando con Adán, todos hemos pecado y, como resultado, hemos perdido el control de lo que debería haber estado bajo nuestro dominio y ha caído bajo el control de los poderes demoníacos. El diablo obtuvo poder sobre Adán y Eva cuando los engatusó para que desobedecieran a Dios. Cuando eligieron desobedecer, ellos se entregaron a su control. Él no tenía la capacidad de simplemente imponer su control sobre ellos. Como criaturas sujetas a la soberanía de Dios y a sus limitaciones, Satanás nunca poseyó el derecho inherente de hacerlo. Sólo le era posible obtenerlo si nosotros, al elegir actuar en forma independiente de Dios, se lo dábamos. Y, desafortunadamente, así lo hicimos.

Pero al rescatarnos del dominio de Satanás, Jesús no lo atacó directamente. Si lo hubiera hecho, le hubiera dado al diablo más de lo que le corresponde. En cambio, Jesús encaró nuestro pecado y nuestra rebelión. Como lo declara el escritor de Hebreos: "Al final de los tiempos, se ha presentado una sola vez y para siempre a fin de acabar con el pecado mediante el sacrificio de sí mismo" (9.26). Porque al acabar con el pecado, él también acabó con el derecho que tenía el diablo de tenernos cautivos.

LA LIBERACIÓN DE LA ACTIVIDAD DEMONÍACA

Cristo obtuvo la victoria sobre el diablo al clavar nuestros pecados a la cruz, y al hacerlo, estableció una base firme de liberación de todo cautiverio demoníaco. Michael Green lo resume de la siguiente manera: "Cristo es el conquistador de todo el poder del Enemigo, y sobre la cruz le infligió semejante derrota absoluta al diablo, que cada vez que se pronuncia en fe su nombre, Satanás se ve obligado a huir... Los demonios, cuando se les ordena irse en el nombre del Vencedor, tienen que hacerlo."[69] Green dice que él ha visto que esto ocurre vez tras vez cuando ministra a aquellos atormentados por demonios, y esa ha sido también mi experiencia. Los demonios tiemblan ante la sola mención del nombre de Cristo y especialmente cuando mencionamos su sangre. Como Satanás, ellos son derrotados, como declara Juan el apóstol en su visión:

... por medio de la sangre del Cordero
y por el mensaje del cual dieron testimonio.
(Apocalipsis 12.11)

Sin embargo, la sangre de Cristo, para que sea efectiva en nuestra vida, debe ser aplicada. Durante la noche de la primera Pascua en Egipto, no fue suficiente que cada familia hebrea sacrificara un cordero como Dios lo había ordenado (Éxodo 12.6). Se les instruyó además que tomaran la sangre del cordero sacrificado y untaran con ella el dintel y los dos postes de la puerta de su casa (Éxodo 12.21-23). Sólo entonces estarían ellos protegidos del destructor y liberados de la esclavitud. De la misma manera, no es suficiente que Cristo haya derramado su sangre en el Calvario. Los beneficios de su muerte, perdón y libertad, deben ser recibidos y tomados personalmente. Su sangre tiene que ser aplicada, rociada sobre los postes de la puerta de nuestro corazón y en cada habitación también.

La actividad demoníaca puede tener lugar en los cristianos allí donde existan ciertas áreas de su vida donde la sangre de Cristo no ha sido colocada. Permítanme enfatizar que esto no se debe a que no sean cristianos devotos. Ellos han recibido a Cristo como Salvador y Señor y están sinceramente tratando de seguirlo. Pero existe en ellos actividad demoníaca (no posesión demoníaca) en el sentido en que los demonios mantienen aún un nivel substancial de control o de influencia en áreas específicas de su vida.

¿Cómo entonces pueden librarse del acoso, opresión, aflicción y esclavitud demoníacos? ¿Cómo pueden obtener la victoria sobre los poderes de la oscuridad? La victoria de Jesús en la cruz les proporciona el modelo. En vez de trabarse en una lucha cósmica directa con el príncipe de la oscuridad, Cristo, al tomar nuestro pecado y clavarlo en la cruz, cancelando así nuestra deuda y haciendo borrón y cuenta nueva, quitó la base del dominio de Satanás sobre nosotros. Si buscamos liberarnos de la actividad demoníaca en nosotros, ése debería ser también nuestro centro de atención, no los demonios en sí, sino la base del dominio que poseen en nuestras vidas.

Ocurre a veces que algunos cristianos muy bien intencionados, que están involucrados en el ministerio de liberación, intentan de inmediato lanzar un ataque frontal directo a los demonios. Entonces les gritan y les recriminan y recurren a diversas otras tácticas de ataque de comandos. Esta técnica tipo "Rambo" de liberación le da a lo demoníaco más importancia de lo que se merece.

No nos equivoquemos. Existe un momento y un lugar legítimos para una confrontación directa, un momento cuando, en el nombre de Jesús, tomamos la autoridad que él nos ha dado y les ordenamos a los demonios que se vayan. Pero ése no debería ser el centro de nuestra atención. Cómo le dije a Bill: "El problema principal no son las ratas demoníacas, sino la basura que está compuesta por cosas como nuestra persistente conducta pecaminosa, nuestras reacciones pecaminosas a nuestras heridas emocionales, y las influencias y patrones generacionales pecaminosos. Cuando asumimos nuestra responsabilidad y enfrentamos estos asuntos, cuando desechamos la basura, las ratas no tendrán ya qué comer y será más sencillo deshacernos de ellas."

Nuestro centro de atención, pues, debería encontrarse en la basura espiritual y emocional, la base para la influencia y el control demoníacos, no en los demonios en sí. Así es cómo Cristo obtuvo la victoria sobre la oscuridad; así es cómo logramos su victoria en nuestra vida también.

Varios años atrás, al encontrarme leyendo una paráfrasis contemporánea de las *Florecillas de San Francisco*, me encontré con un maravilloso ejemplo de este principio. Este delicioso clásico espiritual está compuesto de "florecillas," viñetas sobre San Francisco de Asís y sus frailes, las cuales fueron recopiladas alrededor de cien años después de su muerte. Mientras leía "San Francisco y el fraile enfadado," me di cuenta de que por siglos los cristianos con sabiduría han comprendido correctamente dónde debe estar enfocada nuestra atención cuando lidiamos con demonios. Aquí se encuentra pues esta "florecilla":

> Estaba un día San Francisco en oración
> en el convento de la Porciúncula, y vio,
>   (por divina revelación)
> a todo el convento rodeado y asediado
> por un gran ejército de demonios.

> Ningún diablo lograba entrar en el convento,
>   porque todos aquellos hermanos eran de tanta santidad

que los demonios no hallaban por dónde penetrar.
Pero ellos perseveraban en su empeño.

Y he aquí que uno de los hermanos
se enfadó con otro, y andaba maquinando
cómo poder acusarlo y vengarse de él.

Y este mal pensamiento fue la brecha
que vio abierta el demonio;
así pudo penetrar en el convento
y fue a aferrarse a aquel hermano.

San Francisco, el pastor amante y solícito,
que velaba de continuo sobre su rebaño,
viendo que el lobo había entrado para devorar su
ovejita, hizo llamar enseguida a aquel hermano y
le ordenó que expectorara allí mismo el veneno
que había concebido en su alma
(el enfado contra su hermano),
 lo cual había permitido que el diablo entrara.

El fraile espantado
(¡San Francisco vio su interior!)
confesó su pecado;
y reconoció su culpa, pidiendo humildemente
penitencia y misericordia.

Una vez que fue absuelto del pecado y recibió
la penitencia, inmediatamente huyó el demonio
y lo dejó.
Naturalmente, el hermano dio gracias a Dios,
por su pastor que lo había ayudado a liberarse.

Regresó a los demás, después del éxito de la cirugía espiritual, y vivió de ahí en adelante en creciente santidad.

En alabanza de Cristo. Amén.[70]
(Traducción libre)

San Francisco pastoreaba su redil con gran sabiduría. Cuando vio a un demonio aferrándose a un hermano que estaba enfadado con otro, encaró directamente al *hermano,* no al *demonio,* sobre el asunto que le había abierto la puerta al demonio, "el veneno en su alma," su enojo y su falta de perdón. San Francisco amonestó al fraile diciéndole que se ocupara de ese asunto y que expectorara el "veneno." Cuando él confesó su pecado y recibió perdón, el demonio ya no tenía de dónde agarrarse e "inmediatamente huyó."

Por supuesto, en algunos casos la actividad demoníaca es mucho más complicada. El obtener una libertad completa puede implicar un proceso largo y penoso. Pero el principio básico es siempre el mismo: quitemos la basura; lidiemos con las áreas de pecado y quebrantamiento en nuestra vida. Traigamos el poder de la cruz para que influya en esas áreas. Experimentemos el poder del perdón, la purificación y la sanidad de la sangre de Cristo. Hagamos que ése sea el centro de nuestra atención y la libertad vendrá a continuación.

¿Podría haber algún área en la vida de ustedes donde estén experimentando actividad demoníaca? Como les dije anteriormente, vacilé en incluir este capítulo. En parte, debido a que me preocupaba que algunos lectores saltaran a esa conclusión de inmediato. Así que, por favor, no lo hagan. Antes de sacar alguna conclusión, oren y pidan al Espíritu Santo que los guíe a toda la verdad. Luego tomen asiento y hablen con alguien así como un pastor sabio, un consejero experimentado, un director espiritual, o alguien que se especialice en la oración de sanidad. Las personas como esas pueden ayudarlos a discernir si existe un componente demoníaco significativo en su problema o si se trata simplemente de un problema de naturaleza espiritual, psicológica o fisiológica. Ellos pueden también ayudar a liberarlos de influencias demoníacas directas, si ello fuera necesario.

Sobre todo, continúen ocupándose de la basura espiritual y emocional en sus vidas. Ya sea que exista un componente demoníaco importante o no, continúen buscando el perdón y la liberación de sus pecados y sanidad para sus heridas. Caminen a la luz de la verdad de Dios. Permitan que ella penetre en lo más profundo de su ser. Lleven la basura a la cruz. A medida que sea purificada y transformada por medio del poder de la sangre de Cristo, las cosas a las cuales podrían aferrarse los demonios desaparecen. Cuando eso ocurre, habrá sin duda libertad del pecado y, si fuera necesario, libertad de toda actividad demoníaca.

PREGUNTAS PARA REFLEXIÓN PERSONAL O EN GRUPO

1. Antes de leer este capítulo, ¿cómo hubiera definido la frase *actividad demoníaca*? Después de leer este capítulo, ¿puede usted diferenciar la "actividad demoníaca" de frases tales como "opresión demoníaca" y "posesión demoníaca"? ¿Ha considerado el rol que pueden tener los demonios en la época actual?
2. Si los demonios son como ratas que son atraídas a la basura de nuestra persistente conducta pecadora, nuestras reacciones a nuestras heridas emocionales, y las influencias y patrones generacionales pecaminosos, ¿cómo podemos mantener nuestras almas "puras" y más allá del alcance de toda influencia demoníaca?
3. Mientras que los cristianos auténticos le pertenecen a Jesucristo, ellos pueden aún experimentar diversas formas de influencia demoníaca tales como el acoso, la opresión, la

aflicción y la esclavitud. ¿En qué área de su vida se siente más vulnerable a la influencia demoníaca?
4. Jesús anuló el acta que pendía en contra de nosotros y cumplió con sus requisitos legales. Él canceló la deuda por completo. Al liberarnos del pecado, Jesús nos liberó también de Satanás. Cuando le permitimos a Jesús que barra la basura de nuestras almas, las "ratas" demoníacas no tienen de qué alimentarse. ¿Hay "basura" dando vueltas en su vida? ¿Tendría que invitarlo a Jesús a barrerla?
5. ¿Qué le impide traer la basura a la cruz? ¿Ignorancia? ¿Vergüenza? ¿Falta de fe? ¿Impaciencia? ¿Sentimientos de derrota? ¿Cuáles son las mentiras que usted cree y que continúan permitiendo que haya una influencia demoníaca en su vida?

Segunda parte

LA CRUZ Y EL CAMINO
A LA SANIDAD

7

La aceptación del dolor

La única manera en la que nos curamos de un sufrimiento es experimentándolo de lleno.

MARCEL PROUST

"Cuando me imagino la cruz," escribe Andrea Midgett, "siempre, siempre, veo brazos. Los brazos extendidos de Jesús." Si él hubiera sido apedreado como Estaban, señala, Jesús los hubiera automáticamente sostenido para proteger su rostro. Si él hubiera sido decapitado como su primo Juan el Bautista, ellos habrían estado atados a sus espaldas. "En cambio, los brazos de Jesús estaban extendidos y tensos, dejando al desnudo su corazón. Aun cuando no pudo físicamente sostenerlos más, sus brazos permanecieron así extendidos por medio de los clavos."[71]

A medida que hemos examinado el rechazo, la vergüenza, la l dolor, Jesús acepta la agonía de la cruz. Sus brazos extendidos nos enseñan que nos sanamos cuando aceptamos y activamente cargamos con el sufrimiento, y no cuando lo evitamos. Aquellos que se encuentran en el sendero de la sanidad tienen que estar dispuestos a caminar hacia y a través del dolor, no a alejarse de él ni tratar de esquivarlo.

A lo largo de su ministerio, Jesús fue tentado a desviarse de su camino. "Si eres el Hijo de Dios," le susurró el diablo en el desierto, "ordena a estas piedras que se conviertan en pan... Si eres el Hijo de Dios, tírate abajo [de la parte más alta del templo]" (Mateo 4.1-11). El tentador lo instó a Jesús a que probara que era el Hijo de Dios mediante el ejercicio de sus derechos y privilegios. Sabiendo que no podía disuadir a Jesús de no hacer la voluntad de Dios, Satanás lo tentó para que lo hiciera a su manera o a la manera de la gente en vez de hacerlo a la manera de Dios.

Anteriormente cuando fue bautizado, Jesús, el que no tiene pecado, asumió por voluntad propia el rol de un siervo sufriente al identificarse con los pecadores. La voz de su Padre desde el cielo: "Éste es mi hijo amado, estoy muy complacido con él" (Mateo 3.17), afirmó el camino que había escogido. Pero eso fue antes de pasarse cuarenta días solo en el desierto. Agotado por el calor abrasador, debilitado por el prolongado ayuno, sometido a las sutiles estratagemas de Satanás, ¿qué haría ahora? ¿Permanecería en el camino de la negación propia y el sufrimiento?

—¡Vete, Satanás! —le dijo Jesús—. Porque escrito está:
"Adora al Señor tu Dios y sírvele solamente a él."
(Mateo 4.10)

Jesús reprendió al tentador, rehusando ser tentado a desobedecer la voluntad de Dios. De modo que el diablo lo dejó "hasta otra oportunidad" (Lucas 4.13).

Llegó esa otra oportunidad en la que Jesús le dijo a sus discípulos por primera vez que "tenía que ir a Jerusalén y sufrir muchas cosas" y que era incluso necesario que lo mataran, para luego resucitar tres días después (Mateo 16.21). Algunos momentos antes de la predicción de Jesús, cuando Pedro declaró que Jesús era el Mesías, Jesús lo bendijo y lo afirmó. Pero después de que Jesús había declarado que habría de sufrir y de morir, Pedro "lo llevó aparte y comenzó a reprenderlo: '¡De ninguna manera, Señor! ¡Esto no te sucederá jamás!' " (Mateo 16.22). Pedro pensó que era absurdo que algo semejante le pudiera ocurrir al Mesías. Él conquistaría a los enemigos de Israel, y jamás sufriría en manos de ellos.

Pero como un rayo, Jesús se volvió hacia Pedro. "¡Aléjate de mí, Satanás! Quieres hacerme tropezar; no piensas en las cosas de Dios sino en las de los hombres" (Mateo 16.23). La audaz declaración de Pedro de que Jesús era el Mesías largamente esperado provenía del cielo, pero su firme negativa a aceptar la predicción de Jesús de su sufrimiento y muerte provenía directamente del infierno. Percibiéndolo como el vocero de Satanás, Jesús lo reprendió severamente a Pedro y reiteró su compromiso al sendero que Dios había ordenado.

Cuando llegó el momento de caminar por esa senda, él agonizó en el jardín de Getsemaní al punto que su sudor se convirtió en grandes gotas de sangre (Lucas 22.44). "Padre, si quieres, no me hagas beber este trago amargo" era su desesperado clamor. Todo en él deseaba escapar de la terrible experiencia que tenía por delante. Sin embargo, se entregó a Dios: "No se cumpla mi voluntad, sino la tuya" (Lucas 22.42). Él escogió beber el cáliz del sufrimiento.

Mientras los soldados se preparaban para crucificarlo, le ofrecieron un cáliz diferente, "vino mezclado con mirra" (Marcos 15.23), una bebida que se les daba comúnmente a aquellos que estaban por ser crucificados para sosegar el espantoso dolor que sentían cuando le martillaban los clavos en sus extremidades. La agonía de Getsemaní, su arresto y su juicio, los azotes y la corona de espinas, la caída bajo el peso imposible de la cruz —él ya había soportado tanto sufrimiento—, ¿por qué no aceptar la bebida y poder así obtener algún alivio ahora? La tentación de beber para caer en la inconsciencia por medio del vino drogado debe haber sido grande. Como sugiere Klaas Schilder:

Nunca jamás el peligro de un quebrantamiento entre una larga serie de años de su vida y este momento único de clavos incrustados y rostros sonrientes lo había amenazado tanto como en este momento... La obra que había alcanzado en sus treinta y tres años de vida estaba ahora en peligro de ahogarse en un simple trago de mirra. Pero el alma humana de Cristo no acentuó este momento a costa de introducir un elemento discordante en la lógica de su vida entera. La copa de mirra no interfirió con el curso de su obediencia a Dios.[72]

Cuando le ofrecieron el trago, Jesús lo rechazó (Marcos 15.23). En cambio, él bebió el cáliz del sufrimiento hasta la última gota, escogiendo experimentar todo el impacto del dolor. De acuerdo a Frank Lake:

> El Verbo encarnado entró en un casi absoluto silencio, y en semejante oscuridad que no podía ser visto por los ojos humanos durante aquellas tres horas en las cuales cargó con las espantosas limitaciones de la identificación redentora con todas las peores formas de sufrimiento humano... Ni la ansiedad del compromiso asumido que experimentó en Getsemaní, el cual convirtió a su sudor en gotas de sangre que caían al suelo, ni la ansiedad de la separación en el abandono final, lo desviaron ni siquiera por un momento de su camino de obediente sufrimiento redentor.[73]

A pesar de las extremas tentaciones a lo largo del camino, él nunca se apartó de su sendero.

HUYENDO DEL DOLOR

Por supuesto, el sendero que anduvo Cristo no es uno que elegimos naturalmente. El amigo de Carlitos, en la tira cómica *Peanuts* [Rabanitos], ilustra la forma en que respondemos por lo general al sufrimiento y a los problemas. Él le dice a Carlitos: "A mí no me gusta encarar los problemas de frente. Pienso que la mejor manera de resolver un problema es evitándolo. Ésta es una filosofía inconfundiblemente mía. Ningún problema es lo suficientemente grande o complicado como para no poder escaparnos de él." De modo que Carlitos, ingenuamente, le pregunta: "¿Qué ocurriría si todos fuéramos como tú? ¿Qué ocurriría si todas las personas de todo el mundo de golpe decidieran escaparse de sus problemas?" Linus le replica: "Bueno, ¡al menos todos estaríamos corriendo en la misma dirección!"

La filosofía para resolver problemas de Linus es sin duda la más popular de todas. "Al temer el dolor involucrado," observa Scott Peck, "casi todos nosotros, en mayor o menor grado, tratamos de evitar los problemas... Tratamos de eludirlos en vez de encararlos. Tratamos de salirnos de ellos antes que sufrir a través de ellos." ¿Qué ocurre como resultado? Peck sostiene que nuestra determinación de "evitar problemas y el sufrimiento emocional inherente a ellos" es la causa *principal* de la enfermedad mental. Él cita a Carl Jung: "La neurosis es siempre un sustituto del sufrimiento legítimo."[74]

Sin embargo, nuestra cultura americana tiene dificultad en aceptar que el sufrimiento *sea* legítimo. En 1963, Helmut Thielicke, un predicador y teólogo alemán, visitó los Estados Unidos. Más tarde, cuando le preguntaron los reporteros qué había sido lo que más lo había inquietado acerca de América, él expresó su preocupación por el hecho de que los americanos no saben cómo encarar el sufrimiento, ni tampoco esperan que el sufrimiento sea parte de la vida. "Una y otra vez," dijo, "tengo la sensación de que contemplan el sufrimiento como algo que es fundamentalmente inadmisible, inquietante, embarazoso y que no se lo debe soportar."[75] A pesar de que Thielicke hizo esa observación cuarenta años atrás, muy poco ha cambiado. Todavía es muy poco americano que sufre, ya que eso estaría en desacuerdo con nuestro derecho inalienable a la vida, la libertad, y la búsqueda de la felicidad.

De modo que nos esforzamos por evitar el sufrimiento. Como hemos visto en el último capítulo, a menudo lo evadimos, recurriendo a los "narcóticos de la conducta" tales como el trabajo, los bienes, las relaciones, las cosas excitantes, las drogas y mirar televisión. Aun la religión puede convertirse en una ruta de escape. Una víctima de abuso sexual que se convirtió al cristianismo describió cómo ella solía evitar su dolor: "Sobreviví de maneras 'cristianas', ministrando para Dios, compartiendo mi testimonio, asistiendo a talleres y conferencias, corriendo a reuniones en la iglesia." Sin embargo, debajo de todo eso, ella estaba todavía funcionando en base a la suposición de que ella gobernaba su vida como una persona no creyente: "Da mucho miedo enfrentar nuestro dolor y nuestra tristeza de modo que mejor correr con toda nuestra fuerza."[76]

Además de los mecanismos de escape, desarrollamos también patrones de respuesta para ahogar el dolor y evitar tener que enfrentarlo cara a cara. En *The Healing Path* [El camino hacia la sanidad], Dan Allender identifica cuatro de dichos enfoques como paranoicos, fatalistas, heroicos y optimistas. A pesar de que es posible usarlos a todos, uno de ellos se convierte en nuestra forma dominante de responder. Allender los resume de la siguiente manera:

> El paranoico evita el dolor viéndolo en todas partes y con todos. Evita la desilusión no dejando que el dolor jamás lo sorprenda. El fatalista evita el dolor aceptándolo como algo normal y parte de la

"suerte" impersonal de la vida. El héroe evita el dolor tomándolo como una oportunidad para crecer sin reconocer jamás sus necesidades o flaquezas. El optimista evita el dolor viendo todo lo bueno que lo rodea en otras áreas de su vida.[77]

ENFRENTANDO EL DOLOR

Los brazos de Jesús en la cruz —abierto, extendidos, alargados— ofrecen una alternativa radical a nuestras rutas de escape y mecanismos para evitar el dolor. Ellos nos llaman a abrazar el sufrimiento, no evadirlo; aceptar y activamente soportar la angustia, no evitarla. Jesús se convirtió en un "varón de dolores, hecho para el sufrimiento" (Isaías 53.3). Para caminar por el sendero de la sanidad, debemos estar también dispuestos a enfrentar el dolor y la pena en nuestra propia vida.

Cuando los pilotos aéreos intentaron romper la barrera del sonido por primera vez, la única forma en que podían volar más rápidamente que la velocidad del sonido era lanzándose en picada. Eso lo convertía en algo extremadamente peligroso, ya que cuando se acercaban y pasaban a través de la barrera del sonido, las ondas expansivas y el estampido transónico sacudían a la aeronave que estaba cayendo en picada y hacían que ésta comenzara a girar de manera descontrolada. Por lo tanto, los primeros pilotos que rompieron la barrera del sonido perdieron sus vidas. Sus aviones se estrellaron porque no los pudieron zafar de la caída en barrena.

Finalmente, un piloto pudo completar el intento. A diferencia de los pilotos anteriores, cuando el avión comenzó a temblar y girar al acercarse y romper la barrera del sonido, no tiró la palanca para atrás para desacelerar el avión. En cambio, la empujó hacia delante en la misma dirección de la caída, acelerándola aún más. Curiosamente, la aceleración contrarrestó los efectos de las ondas expansivas y el estruendo en el avión. El temblor y las vueltas en el aire disminuyeron, y él pudo sacar al avión de la caída en picada.

Lo mismo ocurre con el intento de sanar las penas humanas: La forma de sanarse es enfrentando el dolor. En vez de jalar para atrás, nos zambullimos en el dolor y lo atravesamos. ¿Estamos acaso dispuestos a hacer lo mismo con respecto a nuestra pena? ¿Embarcarnos en un viaje que nos sumerge en la oscuridad? ¿Aceptar nuestro padecimiento? ¿Enfrentar el sufrimiento en nuestra vida?

En la popular alegoría espiritual de Hannah Hurnard, *Hind's Feet on High Places* [Pies del venado en las alturas], hay un punto en el que Dios la llama a Muy-Atemorizada para que tome a Sufrimiento y Pena como compañeros de viaje. Sabiendo lo traicionero del sendero que tenía por delante, ella no podía comprender por qué su fiel Pastor le enviaba semejantes compañeros de viaje, tan indeseados y poco atractivos:

> "Yo no puedo ir con ellos," exclamó ella. "No puedo. No puedo. O mi Pastor, ¿por qué me haces esto? ¿Cómo puedo viajar en su compañía? Es más de lo que puedo soportar. Tú me dices que el camino de la montaña es tan escarpado y difícil que no lo puedo escalar sola. Entonces, ¿por qué, por qué, tienes que hacer que Pena y Sufrimiento sean mis compañeros? ¿No me podrías dar a Alegría y Paz para que fueran conmigo, y me fortalecieran, y me animaran y me ayudaran en este camino tan difícil? Nunca pensé que me harías esto."[78]

Es posible que si Dios nombrara a la pena y el sufrimiento como compañeros de viaje en nuestro peregrinaje hacia la recuperación nos encontraríamos reaccionando de la misma manera. Podríamos argumentar con el Señor y suplicarle que nos envíe compañeros de viaje más placenteros. Pero no avanzaremos demasiado hasta que no los aceptemos como amigos en nuestro sagrado viaje para sanarnos.

INGRESANDO AL DOLOR

¿Qué involucra abrazar el dolor? ¿Qué puede implicar el aceptar el sufrimiento? Mucho depende de la naturaleza y la profundidad de la pena. Pero el sendero de la sanidad tendrá sin duda varios pasos, incluyendo el descubrir nuestra negación, recuperar los recuerdos dolorosos, reconocer nuestro enojo, admitir nuestra culpa, llorar nuestras pérdidas y aun descender a la depresión.

El descubrir nuestra negación. La verdad los pondrá en libertad, pero primero puede hacernos muy desgraciados. Todos nosotros hemos ideado formas elaboradas para permanecer en la negación, para no tener que enfrentar la verdad de nuestras heridas. A menudo, cuando la gente habla sobre algún acontecimiento doloroso, por ejemplo, el divorcio de sus padres, le quitan importancia al dolor, diciendo:

- "En realidad, no fue para tanto."
- "Todos tenemos nuestra cuota de sufrimiento. ¿Por qué no me habría de tocar a mí también?"
- "Dados sus antecedentes, ellos hicieron lo mejor que les fue posible. No tendrían que haber permanecido juntos sólo por mí."
- "No quisieron realmente lastimarme."
- "Fue en parte mi culpa. Cuando estaba creciendo, realmente les hice las cosas muy difíciles. No tengo verdaderamente ningún derecho de culparlos a ellos."

- "No podemos pedir disculpas debido a los que hicieron nuestros padres. Tenemos que proseguir con nuestra vida."
- "Lo que pasó, pasó. No tiene ningún sentido darle vueltas al asunto."

A pesar de que existe una cierta medida de veracidad en estas afirmaciones, son a menudo elementos protectores para evitar la agonía del divorcio. Y al negar nuestro dolor, ellos obstaculizan el proceso de nuestra sanidad.

Hace varios años, Dios utilizó las palabras de un consejero para quebrantar mi denegación sobre el dolor relacionado con mi infancia. Desde que tenía siete años hasta que tuve doce, asistí a un colegio misionero en la India. Ubicado en Kodaikanal, una pintoresca estación de montaña, el colegio prestaba servicio a los hijos de los misioneros protestantes norteamericanos que trabajaban en el sur de la India. Además de recibir una excelente educación, establecí profundas amistades allí. Los profesores, administradores y supervisores cristianos me nutrieron y proporcionaron modelos positivos de conducta. Pero el asistir al colegio en Kodai implicaba vivir a quinientas millas de distancia de mis padres de ocho a nueve meses por año.

Un día, hablando con un consejero, acentué los aspectos positivos de mi experiencia en el internado, algo que generalmente solía hacer. Su respuesta me agarró desprevenido: "Todo eso puede ser cierto," acotó, "pero el hecho es que ningún niño de siete años está preparado para pasar tanto tiempo separado y emocionalmente independizado de sus padres." Sus siguientes palabras me dejaron estupefacto: "*¡Sin duda te debe haber dolido mucho!*"

Como un boxeador aturdido por un inesperado golpe corto de su oponente, tambaleé por un instante. Luego recuperé mi equilibrio y me las arreglé para cambiar de tema. Pero el Espíritu Santo me seguía recordando esas palabras. *¿Me dolió realmente?*, me preguntaba a mí mismo. ¿Había enterrado el dolor tan profundamente que no podía ponerme en contacto con él? Quería saber. De modo que oré e invité al Espíritu a que "me guiara a toda la verdad" y, si era necesario, que permitiera que cualquier sentimiento doloroso emergiera a la superficie.

Durante los siguientes seis meses, Dios utilizó una variedad de cosas para responder a mi oración. Mi corazón había sido lastimado por mi experiencia en el internado. Me dolía. Recuerdos y emociones poco placenteras —tristeza, soledad y enojo— brotaron como burbujas a la superficie. Mi típica "letanía de alabanza" del internado era mi manera de mantener tapados todos esos sentimientos dolorosos, una manera de negar las cosas para protegerme así del dolor.

El enfrentar el dolor puede ser una agonía. Antes de hacer que nos sintamos mejor, nos hace sentir peor. Pero la salud y la honestidad van de la mano. Para poder llevar nuestras heridas a la cruz, tenemos que observarlas y reconocer que estamos heridos. No podemos confesar a Dios aquello que no nos admitimos a nosotros mismos primero.

El recuperar nuestros recuerdos dolorosos. A medida que avanzamos por el sendero de la sanidad, pueden comenzar a emerger ciertos recuerdos enterrados de experiencias dolorosas particulares. Como cuando armamos un rompecabezas, a veces recuperamos dichos recuerdos de manera gradual, pieza por pieza. En otras ocasiones, afloran y nos inundan como las aguas de un torrente.

Una víctima de abuso sexual me expresó cuánto le costaba recuperar los recuerdos del abuso: "Nadie desea regresar y echar una mirada a esa clase de dolor. Me parecía que cada recuerdo nuevo revelaba un grado aún mayor de abuso. Tuve que ir y experimentar esa violación una y otra vez, y vivir esos acontecimientos como si apenas hubieran ocurrido ayer, hasta que pude aprender a dejarlos ir." Una y otra vez, ella había encontrado a Jesús en el medio de sus recuerdos llenos de terror. Él le dio la valentía y la fuerza para seguir adelante. Con compasión y sensibilidad, él ministró a la niña asustada, confundida, y triste que ella tenía dentro. Ella descubrió que él le era siempre fiel. Sin embargo, confesó: "Aun después de saber todo lo que sé y haber experimentado lo que Dios hace durante este proceso, todavía tengo que luchar en contra del terror que me produce el mero pensamiento de tener que enfrentarme a nuevos recuerdos."

La recuperación de la memoria puede ocurrir de diversas maneras. A veces, por ejemplo, Dios utiliza sueños y pesadillas como llamados de atención para que nos ocupemos de esos traumas aterrorizantes. Nuestra mente consciente no desea encarar el dolor pasado, de modo que emerge en el terreno menos amenazador del subconsciente mientras estamos dormidos. Los sentimientos reprimidos tales como la ira, el miedo, la vergüenza y el dolor aparecen a veces en forma simbólica e indirecta en nuestros sueños. De manera que, el Espíritu que intercede por nosotros con gemidos que no pueden expresarse con palabras (Romanos 8.26-27) los utiliza como puntos de contacto para guiarnos a toda la verdad. No obstante, nos perturba mucho el despertarnos en un sudor frío a las tres de la mañana durante una pesadilla.

Otro instrumento común del Espíritu son las escenas retrospectivas. Cierto día, cuando Ted Roberts[79] era alumno del Seminario Asbury, estaba caminando a través del campo de la universidad después de una clase de las once de la mañana. De repente, el chillido de la sirena del mediodía de la estación local de bomberos le acribilló los oídos. Ted ya no se encontraba en Wilmore, Kentucky; estaba en Vietnam. La sirena sonaba exactamente igual a la que había escuchado allí durante los ataques de cohetes enemigos. Pero no lo estaba simplemente recordando; lo estaba reviviendo. En forma instintiva, corrió a resguardarse, saltando dentro de un carro de basura junto al edificio. Avergonzado al darse cuenta en dónde se encontraba en realidad, salió rápidamente de él y se fijó para ver si alguien lo había estado mirando. Esa escena retrospectiva, disparada por un sonido familiar, reveló el trauma de su experiencia de guerra que aún no se había sanado.

El reconocer nuestro enojo. El enojo puede ser una emoción que nos asusta, especialmente si hemos sido criados en un ambiente en donde no se nos permitía sentirlo o expresarlo. El admitir nuestra ira desataría los fuegos de la lava de nuestra furia volcánica y traería sin duda como resultado un caos destructivo. Explotaríamos de rabia y nos descontrolaríamos por completo, de modo que nos esforzamos mucho por reprimirnos y asegurarnos de tener la tapa bien cerrada.

Varios años atrás, recibí una llamada telefónica de Gena, una mujer que había estado en un grupo de jóvenes con el que yo había trabajado hace ya muchos años. Ella tenía ahora alrededor de treinta y cinco años, estaba casada y tenía varios hijos. Gena había estado viendo a un consejero y estaba comenzando a recuperar recuerdos que habían estado enterrados sobre el abuso sexual de su padre cuando ella era niña. Mientras hablaba, escuché el terror que transmitía su voz, ya que ella no deseaba recordar aquellas cosas espantosas. Pero lo que más la atemorizaba era que su furia fuera en contra de su padre. Ella sentía deseos de *asesinarlo*.

Toda su vida, Gena había volcado su ira feroz en contra de sí misma, aun hasta el punto de ocasionalmente cortar y quemar su propio cuerpo. A pesar de que su forma de expresar la ira era autodestructiva, se había convertido en algo familiar y predecible. Ahora, a medida que iban saliendo los recuerdos reprimidos a la superficie, Gena estaba *sintiendo* ira contra su padre por primera vez, y eso la atemorizaba sobremanera. Como un voraz incendio forestal, ella temía que su rabia candente ardiera fuera de control y lastimara a alguien.

Mary, una mujer de cuarenta y tantos años, también había sido abusada sexualmente por su padre. Cuando ella comenzó el seminario, sus recuerdos estaban enterrados tan profundamente que ella no tenía ninguna memoria consciente de ellos. Luego, en el segundo semestre, Dios comenzó a descorrer la cortina, y con la ayuda de un hábil consejero, ella comenzó a recordar. Al emerger los recuerdos del abuso reprimido, lo mismo ocurrió con su ira. "Había momentos durante el semestre," me contó más tarde, "en que la ira era tan intensa que me parecía que iba a explotar. De modo que me iba con mi automóvil a un terreno abierto en el campo y sacudía mi puño y gritaba a todo pulmón. Estaba enojada con mi padre, con Dios, con lo injusto de todo, conmigo misma por la manera en que había permitido que me afectara todo aquello. Y gritaba hasta que quedaba ronca."

Cuando la ira ha estado taponada durante años, puede convertirse en una emoción feroz, violenta, y hasta peligrosa. Para muchos, la forma de sanarse involucra la tarea atemorizante y desagradable de meterse directamente en ella.

El admitir nuestra culpa. Otro paso muy doloroso pero necesario hacia la sanidad involucra el admitir nuestra culpa. No sólo se han cometido pecados contra todos nosotros, sino que nosotros también hemos cometido pecados. Nos han infligido un sufrimiento injusto, pero al reaccionar, hemos recurrido a actitudes y conductas pecaminosas. Como resultado del daño que nos han causado, nosotros, a la vez, hemos causado injustamente daño a los demás e incluso a nosotros mismos.

Un cierto día, Melanie vio con una claridad devastadora el juramento que había hecho en respuesta al abuso sexual de su padre. Ella lo expresó de la siguiente manera: "Me mataré. Nunca me convertiré en la persona feliz, talentosa, hermosa que fue creada y que tendría que haber sido." En vez de extender sus alas y volar como un águila, ella prometió que se cortaría las alas para únicamente poder andar rengueando por el suelo. Ésa sería su forma de vengarse de su padre. Cuando él viera que ella no podía volar, se sentiría culpable por lo que había hecho. Se estaba vengando también de Dios. Al no querer volar, estaba diciendo:

La aceptación del dolor

"Ya que no me has protegido, tampoco me voy a convertir en la persona que tú creaste."

Cuando el ángel del Señor luchó con Jacob (Génesis 32.22-32), le preguntó repetidas veces: "¿Cómo te llamas?" Finalmente Jacob admitió: "Me llamo Jacob—el Engañador, Agarrado con una mano del talón." De la misma manera, cuando Melanie se dio cuenta de lo que había hecho, el Señor le preguntó su nombre, y ella finalmente confesó: "Mi nombre es Asesina." Esto era muy riesgoso, porque significaba que ella no podría nunca jamás volver a culpar a su padre o a Dios. Ella tendría que intentar levantar vuelo. Pero, como Jacob, cuando ella admitió quién era, recibió un nombre nuevo y se transformó en una persona nueva. Las gracias y los dones espirituales reprimidos se desataron. Al poco tiempo, ella había despegado vuelo.

El reconocer nuestra culpa también significa aceptar que nuestras reacciones pecaminosas a las heridas han lastimado a los demás, en particular a nuestros familiares. Mientras estaba en el proceso de recuperación de la adicción, Don Crossland pasó un día por la universidad a la que había asistido su hija. De repente, su mente se vio inundada de imágenes de la misma.

> En mi mente, vi diversas imágenes de ella. A pesar de que ella tenía muchos amigos, en mi mente me la imaginé sola en su pequeño automóvil llorando. El Espíritu Santo me estaba permitiendo experimentar parte del dolor que había experimentado mi hija debido a mi insensibilidad. El Espíritu Santo me recordó también que yo la había visitado sólo tres veces en los últimos cuatro años y que, mientras estuvo allí, nunca la había llamado por teléfono. Me di cuenta de lo descuidado que había sido debido a mi adicción. Estaba llorando tanto que no podía ver el camino. Lleno de pena y dolor,

regresé a mi habitación y me tiré sobre la cama. A lo largo de toda la noche, sentí profundamente el daño que le había causado a mi familia.[80]

El llorar las pérdidas. Cada vez que nos vemos privados de algo que valoramos, o algo que necesitamos y esperamos, experimentamos una pérdida. Lloramos cuando nos permitimos sentirnos tristes por nuestras pérdidas, y hacer el duelo de manera adecuada lleva tiempo; cuánto más profunda sea la pérdida, tanto más tiempo llevará el duelo.

Desafortunadamente, muchos de nosotros hemos sufrido pérdidas por las cuales no se nos ha permitido llorar. Las heridas que están relacionadas con estas pérdidas pueden estar ya cubiertas por una cicatriz, pero la infección por el dolor que no ha sido resuelto aún supura en su interior. Para poder sanarnos es a veces necesario volver a abrir esas heridas para quitar la infección y ocuparnos del dolor no resuelto.

Julie Woodley tenía casi cuarenta años cuando finalmente lloró las pérdidas que había experimentado cuando tenía dieciocho años y huyó de su casa para escaparse de un padre abusivo. "Por primera vez en mi vida," escribe, "sentí todo el impacto del dolor de esa muchacha de 18 años. En realidad, Dios abrió una compuerta de dolor. Comencé a revivir escenas de mi niñez, escenas de abandono y de rechazo. Había un profundo pozo de tristeza en mi corazón. Después de años de tratar de escaparme de él, finalmente había ingresado en él, permitiéndome sentirlo y dejándolo que fluyera de mí."[81]

No sólo tenemos que llorar el dolor de lo ocurrido, sino también de lo que no ocurrió. Debido al dolor que hemos experimentado, hemos perdido posibilidades. Una persona me lo expresó de la siguiente manera: "Al poder ver con mayor claridad la clase de daño que me había ocasionado mi niñez, tuve que llorar por todas aquellas cosas que no pude ser cuando pequeña, así como por el dolor que me costó más adelante. La confianza y la seguridad, los ratos de juego sin preocupaciones, la sensación de que nos aprecian y nos aman... tuve que llorar esas pérdidas. Tuve que llorar los años de relaciones estropeadas con Dios, años que sabía que nunca más recuperaría. Tuve que hacer el duelo por la persona en la que me había convertido y por lo que había hecho durante mi vida, y tuve que llorar la pérdida de todos mis escondites."

Jesús dijo: "Dichosos los que lloran, porque serán consolados" (Mateo 5.4). Sin embargo, nunca dijo que llorar sería placentero, especialmente la clase de llanto que puede ser necesario para sanar un profundo dolor y pérdida.

El descender a la depresión. A medida que afloran los sentimientos de dolor y enojo, tristeza y duelo, ellos nos pueden lanzar a la oscuridad de la depresión. Nuevamente, Julie Woodley describe lo que le ocurrió a ella:

> Caí en una profunda depresión durante un año entero. Obviamente, esa no era mi idea de sanidad. En ese momento, me parecía que estaba "retrocediendo" en vez de "avanzar." No podía hablar, sólo orar. En el término de tres meses, perdí casi veintitrés kilos, pasando de un talle 10 a un talle 3. Por alguna extraña razón, a pesar de que conocía la esperanza en Cristo, mi corazón se veía privado de ella. La tristeza y el dolor me seguían invadiendo y no veía el fin.[82]

Aquellos que se encuentren en semejante oscuridad necesitarán a menudo ver a un médico o a un psiquiatra que les podrá recetar un medicamento antidepresivo. En algunos casos, puede haber incluso necesidad de hospitalización. Sobre todo, las personas necesitarán establecer una red de apoyo —familiares y amigos, un grupo pequeño dentro de la iglesia, un pastor o consejero— que los guiará, estimulará y, sobre todo, los amará durante su trayecto por ese túnel oscuro de dolor. Como el hombre paralizado que le llevaron a Jesús (Marcos 2.1-12), es posible que estemos emocionalmente paralizados por la depresión. El paralítico no pudo acercarse por sus propios medios a Jesús, sino que necesitó que sus amigos lo llevaran y lo bajaran por el techo. Y cuando Jesús vio su fe —no la del paralítico, ya que ésta estaba también inmovilizada— pronunció las palabras de perdón y le ordenó al hombre que se levantara y caminara. De la misma manera, aquellos que están en las garras de la depresión y no se pueden mover necesitan que los demás los carguen en oración a Jesús y que tengan fe por él.

DE PIE EN MEDIO DEL DOLOR JUNTO A LA CRUZ

Los brazos abiertos de Jesús en la cruz nos llaman a que abramos nuestros brazos, a que abracemos el sufrimiento para poder sanar nuestras heridas. Pero a la luz de lo que esto puede significar —salir de nuestra negación, recuperar los recuerdos dolorosos, reconocer nuestra ira, admitir nuestra culpa, llorar las pérdidas, aun descender a la depresión— ¿cómo podemos hacerlo? En las palabras de Pablo: "¿Y quién es competente para semejante tarea?" (2 Corintios 2.16). Aun cuando inicialmente hayamos podido *abrazar* el dolor, ¿cómo podremos *tolerarlo*?

La respuesta se encuentra al pie de la cruz. Parados allí, se nos da la fuerza que necesitamos. Al contemplar sus brazos abiertos, al buscar su ayuda, la valentía y la fortaleza de Cristo se convierten en la nuestra. Su cruz no sólo proporciona el modelo de cómo soportar activamente el sufrimiento; nos ofrece también el poder necesario para confrontar la oscuridad en nuestra alma. Descubrimos que los brazos abiertos de Jesús son también los brazos eternos de Dios, abrazándonos y llevándonos. No importa cuán profundo, ningún abismo terrible carece de fondo. Siempre, por siempre "te sostiene entre sus brazos" (Deuteronomio 33.27).

La aceptación del dolor   *143*

Como permanecemos en él, así Cristo, el que se abrió a un horror y a una desesperación difícil de imaginar, permanece en nosotros. Se nos imparte su valentía y determinación. Al estar de pie junto a la cruz como un paciente que enfrenta una cirugía dolorosa, le podemos decir a Jesús, nuestro gran médico y cirujano: "Estamos listos." En Cristo, podemos abrir nuestros brazos para abrazar el dolor y soportar el sufrimiento necesario para sanarnos.

La gracia de Cristo no sólo nos capacita para abrazar y soportar el sufrimiento, sino que también nos transforma por medio de él. El sufrimiento que temíamos que sería destructivo, se convierte en redentor. El sufrimiento autodestructivo y que nos debilita espiritualmente se convierte en un sufrimiento que nos amplía y nos fortalece el espíritu. El sufrimiento que estábamos tan decididos a evitar, aumenta nuestra pasión por la vida. Descubrimos tesoros en la oscuridad (Isaías 45.3).

Después de luchar toda la noche con el ángel, Jacob queda exhausto (Génesis 32.22-32). Su cadera está dislocada y caminará rengueando durante el resto de su vida. Sin embargo, él nombra a ese lugar Peniel (el rostro de Dios), porque allí experimentó un profundo encuentro con Dios. Al ingresar en la angustia que sentimos, al luchar con la verdad que nos lastima, nosotros también nos marcharemos exhaustos y rengueando. Pero, al igual que Jacob, cuyo nombre fue cambiado ese día a Israel, nos iremos transformados y agradecidos, sabiendo que hemos visto el rostro de Jesús, nuestro Señor crucificado.

PREGUNTAS PARA REFLEXIÓN PERSONAL O EN GRUPO

1. ¿Cuál ha sido por lo general su respuesta al dolor? ¿Ha habido instancias en su vida en las que haya ingresado valientemente al dolor y lo haya atravesado? ¿Qué es lo que ha ocurrido cuando usted trató de escaparse del dolor o de esquivarlo?
2. Scott Peck sostiene que nuestra determinación por evitar

problemas y el sufrimiento emocional inherente a ellos es la causa principal de las enfermedades mentales. ¿Está usted de acuerdo con él? Si no lo está, ¿cuáles cree que son las consecuencias de tratar de evitar problemas y el dolor emocional que los acompaña?

3. En la alegoría de Hannah Hurnard, los compañeros que Dios ha provisto para el personaje principal se llaman, adecuadamente, Dolor y Sufrimiento. Para su sorpresa, al fin del trayecto, ellos le revelan que han sido todo el tiempo Paz y Alegría bajo un disfraz. ¿Ha descubierto alguna vez que el dolor y el sufrimiento lo han llevado a experimentar paz y alegría? ¿Piensa usted que éste es el máximo propósito de Dios?

4. ¿Ha persistido alguna vez en oración por alguien que estuviera en las garras de la depresión y ha sido usted parte de un círculo de apoyo que amaba a la persona que estaba atravesando por un túnel oscuro de dolor? ¿Ha hecho alguien lo mismo por usted? Los amigos fieles pueden sostenerle los brazos para que abrace el dolor, pero sólo Cristo puede darle la fuerza para soportarlo. ¿Ha descubierto que eso es verdad?

8

Padre, perdónalos

> La cruz de Cristo no sólo nos enseña a perdonar a los demás, aun al extremo, sino que nos inspira y capacita para que lo hagamos. Nada más lograría hacerlo.
>
> DOUGLAS WEBSTER

Durante años, Katherine Birge ardía de resentimiento en contra de su padre. A pesar de que era un pastor amado y respetado, él desataba su humor despiadado e incontrolable en casa. Cuando era niña, Katherine sufrió una y otra vez el embate del mismo. Como él la había lastimado, ella deseaba lastimarlo también a él. Aun después que él murió, ella dijo: "Llevé dentro de mí una carga pesada de odio, casi como si hubiera tenido derecho a ella. Estaba convencida de que había sufrido una injusticia y que yo tenía el derecho de estar resentida."[83]

Luego, cuando tenía ya cuarenta y tantos años, pudo por fin perdonar a su padre. Eso ocurrió el 13 de diciembre de 1970. La noche anterior, ella se había ido a la cama con dos pensamientos diferentes en su cabeza. Uno giraba en torno al odio que sentía hacia su padre, el otro acerca de una pregunta que le había hecho una niña pequeña ese día en su clase de segundo grado: "¿Cómo puede ser que Jesús fuera tan magnífico cuando nosotros no somos nada?"

Katherine le había asegurado a la niña: "No es cierto que *no* seamos nada. Somos los hijos y las hijas de Dios." La niña pareció complacida con su respuesta. Sin embargo, Katherine se quedó pensando en su pregunta, en especial en lo que respecta a la magnificencia de Jesús. De modo que se adormeció resintiendo a su padre y al mismo tiempo, pensando en Jesús. Katherine describe después lo que ocurrió al día siguiente:

> Al día siguiente, me desperté temprano. No escuché ninguna voz ni vi visión alguna, pero tuve la impresión de ver a Cristo en la cruz diciendo estas palabras: "Padre, perdónalos, Ellos no saben lo que hacen." En ese momento fue como si un tremendo peso se hubiera levantado de mí. Mi resentimiento era una carga pesada que yo había estado llevando, y ¡de repente me vi libre de ella! No me había liberado por ninguna virtud propia sino por medio de la gracia de Dios. El 13 de diciembre de 1970, temprano a la mañana, en esa penumbra entre la oscuridad y el amanecer, me ocurrió un milagro. ¡Era libre!
>
> El odio que sentía hacia mi padre no era sólo una dolorosa carga para mí; había bloqueado mi relación con Dios. ¡Había envenenado mi vida! ¡Y de repente era libre!
>
> Esa mañana estuvo colmada de bendiciones espirituales. Fue un momento místico en el que sentí como si el tiempo hubiera tenido una textura de eternidad y como si los rayos del cielo hubieran brillado a m alrededor. Si Jesús podía aceptar la crucifixión con espíritu de perdón, entonces seguramente yo podría perdonar a mi padre por todo el "mal" que me podría haber ocasionado.[84]

Para Katherine, las palabras que pronunció Jesús desde la cruz: "Padre, perdónalos, porque no saben lo que hacen" (Lucas 23.34 RVR60), le proporcionaron un modelo para perdonar a su padre y liberar en ella el poder para perdonarlo. Como resultado de ello, se vio libre de toda amargura y capaz de amar a su padre. Ella comprendió mejor que nunca la respuesta a la pregunta de la niñita: "¿Cómo es que Jesús llegó a ser tan extraordinario?"

A lo largo de su ministerio, Jesús siempre enfatizó que así como Dios nos ha perdonado, nosotros deberíamos perdonar a los demás. En el Padrenuestro, él nos enseñó a decir:

> Perdónanos nuestras deudas,
> como también nosotros hemos
> perdonado a nuestros deudores.
> (Mateo 6.12).

En otra ocasión, él les ordenó a sus discípulos: "Y cuando estén orando, si tienen algo contra alguien, perdónenlo" (Marcos 11.25). Cuando Pedro preguntó cuántas veces estamos obligados a perdonar, Jesús insistió: "No te digo que hasta siete veces, sino hasta setenta y siete veces" (Mateo 18.22). Les relató entonces una historia sobre un siervo despiadado (Mateo 18.23-24). A pesar de que su amo le había perdonado su inmensa deuda, el siervo se negaba a perdonar una ínfima suma que le debía otro siervo. Cuando el amo se enteró de lo que el siervo había hecho, hizo que lo echaran a la cárcel. Jesús les advirtió a sus discípulos: "Así también mi Padre celestial los tratará a ustedes, a menos que cada uno perdone de corazón a su hermano" (Mateo 18.35).

Jesús no sólo predicó constantemente que debemos extender nuestro perdón a los demás en forma radical, sino que también lo practicó él mismo. Y lo practicó en un momento en que nos es imposible de comprender: cuando colgaba de la cruz. Víctima de una terrible injusticia, con su cuerpo plagado de dolor, con las burlas malvadas de sus enemigos sonando en sus oídos, él juntó la fuerza para gritar: "Padre, perdónalos, porque no saben lo que hacen."

El imperativo cristiano de perdonar a aquellos que nos han ocasionado dolor es un llamado para que imitemos a Jesús. Sin embargo, no se nos llama a imitar a Cristo con nuestra propia fuerza. Como Katherine Birge, descubrimos que cuando deseamos perdonar, él nos da la fuerza para hacerlo. La palabra de perdón pronunciada *en* la cruz, es pronunciada también *en* nosotros.

LOS SIETE PASOS DEL PERDÓN

No puedo enfatizar demasiado la importancia del perdón en el proceso de sanar las heridas humanas. El perdón abre la puerta a la sanidad, restauración, libertad y renovación. Hasta que no abrimos esa puerta, permaneceremos atrapados en el pasado, destinados a llevar la carga del dolor para siempre sin la esperanza de un corazón restaurado o un futuro renovado. Charles Kraft tiene razón: "No hay cosa que bloquee más la posibilidad de que Dios sane a una persona que la negativa de ésta a perdonar a los demás."[85] Nuestras heridas no se sanarán hasta que no digamos, al igual que Jesús, "Padre, perdónalos."

¿Qué implica entonces el verdadero perdón, lo que Jesús lo llama el perdón "de corazón" (Mateo 18:35)? Existen en realidad siete pasos o elementos en el verdadero perdón. Los pasos 1-3 están dirigidos hacia el pasado y son la preparación indispensable para que podamos perdonar de corazón. Los pasos 4-5 se concentran en el presente y son en realidad el meollo o la esencia del perdón. Los pasos 6-7 están orientados hacia el futuro y la posibilidad de volver a comenzar, que crea el perdón.

Examinemos un paso a la vez.

Cómo prepararnos para perdonar.
1. Enfrentando los hechos. El perdón comienza cuando somos increíblemente honestos sobre lo que nos han ocasionado los demás. No escondemos lo ocurrido, no tratamos de encontrarle una explicación, no nos culpamos a nosotros mismos, ni ponemos

excusas para los demás. Simplemente y con realidad, nos enfrentamos a la verdad: "Fui violado y han pecado en contra de mí. Me lastimaron. Lo que hicieron está mal." Como dice C. S. Lewis: "El verdadero perdón significa mirar sin titubeos al pecado, el pecado que no tiene excusa, aún después de que se hayan hecho todas las concesiones posibles, y contemplándolo en todo su horror, mugre, maldad y malicia, aún así nos reconciliamos completamente con la persona que lo llevó a cabo."[86]

Al enfrentar los hechos, es importante que seamos específicos. No es suficiente que lo reconozcamos en una forma general por medio de generalizaciones de perdón. Por ejemplo, cuando una mujer me admitió: "Mi madre me hizo algunos cosas muy malvadas cuando yo estaba creciendo," traté de ahondar un poco más por medio de la pregunta: "¿Me podría describir algún incidente en particular en que ella la lastimó?"

Llorando, me respondió: "Un viernes a la noche, cuando yo estaba en la escuela secundaria, mi novio vino a mi casa a buscarme para salir juntos en una cita. Mientras bajaba la escalera para recibirlo, justo enfrente de él, mi madre me dijo: '¿Por qué te has puesto *ese* vestido? ¡Te queda *espantoso*!' No le puedo decir lo humillada que me sentí por lo que ella dijo."

Después de decirle cuánto lo sentía por ella, agregué: "¿Está dispuesta a perdonar a su madre por lo que dijo aquella noche?"

Para muchos, ese primer paso de perdón implica lo que hablamos en el último capítulo: salir de nuestra negación. La verdad puede ser difícil de soportar y, a veces, intentaremos por todos los medios de evitarla.

En 1997, yo estaba llevando a cabo un seminario sobre el perdón en la nación báltica de Estonia. Katrina, una de las personas que habían asistido al seminario, comparó su propia negación con la conducta reciente de su padre alcohólico. Una semana antes del seminario, ella y su esposo habían visitado al padre de ella en su casa de veraneo. Cuando llegaron, él estaba embriagado y allí tirado sin su camisa. Ellos notaron un lugar en su espalda que estaba todo rasguñado e hinchado. Cuando lo miraron de cerca, encontraron una gran uña allí enterrada.

"Tienes que ir al hospital de inmediato, —le dijeron—. Tienes un clavo clavada en tu espalda que te tienen que sacar. Si no lo haces, se va a infectar."

Pero su padre ebrio no quería escucharlos. "Estoy bien," insistía, "no me duele mucho. No hay ningún clavo allí. Ustedes me están haciendo perder el tiempo."

Después de discutir con él por un rato, finalmente lo obligaron a subirse al automóvil y lo llevaron al hospital en contra de su voluntad. Sólo cuando el doctor le mostró la uña que le había sacado de la espalda, el padre de Katrina creyó que allí había estado.

"Cuando vine a este seminario, yo era como mi padre," admitió Katrina. "Habían clavos en mi alma que me estaban causando dolor. Pero ya me había acostumbrado tanto a ellas, que casi no las sentía. Mi corazón estaba todo pinchado con las uñas de mi dolor. Estaban viejas y herrumbradas, claves grandes y claves pequeñas; pero, como mi padre testarudo, no deseaba admitir que estaban allí o que me dolían. Estoy agradecida porque durante nuestras sesiones, Dios me mostró las claves. Antes de poder perdonar a aquellos que me las habían clavado, tenía que primero admitir que se encontraban allí."

Como Katrina, es posible que nosotros tengamos claves clavadas en nuestro corazón por las acciones de los demás. El perdón comienza reconociendo que ellas están allí y observándolas con detenimiento.

2. Sintiendo el dolor. En la serie televisiva de 1960 *Dragnet,* el detective Joe Friday decía a menudo mientras que llevaba a cabo sus investigaciones: "Sólo los hechos, señora, sólo los hechos."

El perdón comienza cuando enfrentamos los hechos, pero luego va más allá de eso. Más que "sólo los hechos," nos tenemos que conectar con los sentimientos que están sujetos a los hechos, sentimientos como rechazo, soledad, miedo, enojo, vergüenza y depresión, los que aún pueden seguir resonando en nosotros hoy día. Algunas veces, la persona puede relatar cosas horrendas que les han hecho los demás sin siquiera pestañear por un momento. Cuentan los detalles con tanta naturalidad, que a veces pensamos si no estarán emparentados con Spock, el personaje extremadamente racional, desprovisto de todo afecto de la serie original de televisión *Star Trek*. Sus emociones son tan dolorosas y amenazadoras que ellos se han sencillamente desconectado de ellas. Y entonces tenemos que preguntar de manera persistente: "¿Qué *sentía* usted cuando le estaba ocurriendo eso?"

El contestar esa pregunta puede ser extremadamente difícil. Nadie quiere volver a experimentar esas sensaciones tan poco placenteras. Mejor que negarlas, parece, o barrerlas bajo la alfombra. Pero no podemos alcanzar el umbral del perdón hasta que no recuperemos, por lo menos en parte, los sentimientos sujetos a los hechos dolorosos que nos hayan ocurrido. Henri Nouwen dice:

> El gran desafío es *vivir* nuestras heridas en vez de *pensarlas*. Es mejor llorar que preocuparse, mejor sentir las heridas profundamente que comprenderlas, mejor dejar que penetren en nuestro silencio que hablar acerca de ellas. La elección a la que nos vemos constantemente enfrentados es si llevar las heridas a nuestra mente o a nuestro corazón. En nuestra mente, las podemos analizar, encontrar sus causas y sus consecuencias, y acuñar palabras para poder hablar y escribir sobre ellas. Pero es difícil que de esto provenga alguna sanidad. Tenemos que permitir que nuestras heridas bajen y penetren en nuestro corazón.[87]

3. *Confrontando nuestro odio.* El perdón implica que abandonamos nuestro odio o resentimiento en contra de las personas que nos hayan herido. Pero nuevamente, antes de que podamos abandonar algo, tenemos que primero reconocerlo. Debemos admitir que resentimos a aquellos que nos han ocasionado un mal, porque una parte de nosotros los odia por lo que han hecho.

Carol, la esposa de un estudiante del seminario de treinta y cinco años, había estado deprimida por más de un mes. Tres miembros de su clase de escuela dominical (incluyéndome a mí) la estábamos aconsejando y orando con ella, con la esperanza de discernir la causa de esa nube negra que pendía sobre su cabeza. Cuando le preguntamos si había estado alguna vez deprimida anteriormente, Carol comenzó a hablar sobre la relación adúltera de su esposo Martín cinco años atrás. Ella había estado deprimida entonces, pero nos aseguró que todo había obrado para bien. Dios había usado su pecado vergonzoso para despertarlo y traerlo a Cristo. Varios años más tarde, él se había sentido llamado al ministerio de pastor.

Sintiendo su renuencia a enfrentar su ira por lo que él había hecho, le dije:

—Debes haber estado furiosa con Martín cuando te enteraste de su relación amorosa.

—Sí, lo estuve, —me respondió—, pero estoy segura de que él nunca hubiera tenido esa relación si yo hubiera sido una mejor esposa.

—Estoy seguro de que podrías haber sido una esposa mejor, —le respondí—, pero tus errores no le daban el derecho de cometer adulterio. La verdad es que Martín fue un necio. ¡Debes haber querido arrancarle los ojos!

Al hablarle con tanto énfasis, estaba tratando de darle permiso a Carol para apropiarse de su ira y resentimiento contra Martín, pero nada. Durante los siguiente cuarenta y cinco minutos, cada vez que la animábamos para que lo hiciera, ella se culpaba invariablemente a sí misma. A pesar de que lo que él había hecho estaba mal, ella seguía insistiendo en que su aventura amorosa había sido más por culpa de ella que de él.

Ahora comprendía por qué estaba ella deprimida. Tenía una razón legítima para estar enojada con Martín. Él había violado el pacto matrimonial, traicionado su confianza, y pecado en contra de ella. Pero en vez de reconocer su enojo, ella prefirió volcarlo sobre ella misma.

El perdón *no* consiste en culparnos a nosotros mismos por lo ocurrido. Es posible que no seamos completamente inocentes, pero lo que nuestros victimarios hicieron es inexcusable. Ellos son los culpables de nuestro dolor, y hay una parte de nosotros que los odia por ello. El perdón requiere la valentía de confrontar nuestro odio.

En los tres primeros pasos del perdón, nosotros reconocemos lo que ha ocurrido en el pasado y cómo nos sentimos con respecto a ello. Enfrentamos el agravio, sentimos el dolor, y admitimos nuestro odio. Ahora nos encontramos frente a una encrucijada. Tenemos una decisión presente que tomar: perdonar o no perdonar. Los dos pasos que siguen a continuación son verdaderamente el corazón del perdón.

El corazón del perdón.
4. *Soportando el dolor.* Cuando los demás nos han herido, existe una voz exigente en nuestro interior que grita: "Lo que ellos han hecho está mal. Tendrían que *pagar* por lo que hicieron." Ésta es una voz que proviene de Dios. El deseo de ver justicia en nuestras relaciones, y en todas las relaciones, ha sido sembrado en nuestro corazón por Dios.

De modo que cuando perdonamos, ¿ignoramos acaso el deseo de justicia implantado divinamente en nosotros o lo ponemos de lado? No. El pecado, la injusticia, debe ser tomado en serio. Pero en vez de alcanzar justicia por medio de la insistencia de que la parte culpable pague por el mal ocasionado, escogemos pagarlo nosotros mismos. A pesar de que somos inocentes, elegimos soportar el dolor de la injusticia. En el perdón, como dicen las Escrituras, "la misericordia triunfa sobre el juicio" (Santiago 2.13 RVR60). Sin embargo, triunfa no ignorando el juicio sino cargando con él.

En el Antiguo Testamento, diversas palabras en el original hebreo se traducen como "perdonar" en nuestras versiones de la Biblia. Una de las palabras es el verbo hebreo *nasa*, que en más de una docena de lugares se traduce como "perdonar." Sin embargo, en más de 150 lugares se traduce *nasa* como "llevar" o "soportar." Los escritores del Antiguo Testamento entendieron la conexión cercana entre el perdonar y el soportar. Cuando perdonamos, soportamos el dolor.

Ésa es la razón por la cual el perdón es siempre costoso. Por ejemplo, los padres pueden elegir perdonar al hijo díscolo. Pero lo que el hijo ha hecho ha roto sus corazones y le ha traído vergüenza a la familia. En vez de exigir que el hijo sufra por haberlos hecho sufrir, el perdón implica el sufrimiento vicario de sus padres, el soportar con sacrificio el dolor que les ha causado. El teólogo H. R. Macintosh dice: "En cada gran perdón existirá siempre la consagración de una gran agonía."[88]

Por supuesto, el máximo ejemplo del gran precio del perdón es la cruz de Cristo. Las Escrituras dicen: "Él mismo, en su cuerpo, llevó al madero nuestros pecados" (1 Pedro 2.24). Él tomó sobre sí la culpa, el castigo y la vergüenza de nuestros pecados. Nosotros merecíamos sufrir por ellos pero, en cambio, Dios en Cristo los llevó sobre sí. Dios no pasó por alto nuestros pecados, ni les restó importancia, sino que él mismo soportó el dolor y el juicio. Cristo, el Juez, se permitió ser juzgado en nuestro lugar. A un grado muchísimo menor, cada vez que perdonamos a los demás, hacemos lo mismo: tomamos el castigo que ellos se merecen y lo absorbemos. Nosotros soportamos el dolor.

5. *Liberando a los que nos han ocasionado un mal.* A pesar de

que el perdón no pone de lado las exigencias de la justicia, parece sin embargo ir en contra de lo que pensamos que sería lo correcto. "¡Espera un minuto!" protestamos, "eso no es justo. Tú deseas que yo los perdone. Pero si lo hago, se van a marchar sin castigo alguno. Y ellos son los que tienen la culpa aquí, no yo. Ellos tendrían que pagar por lo que hicieron."

En parte, nuestro enojo y nuestro resentimiento son la manera en que volvemos a obtener el control de una situación injusta y en la que nos vengamos de las personas que nos han lastimado. Es nuestro intento de emparejar el puntaje. Después de todo, ¿acaso no se lo merecen?

Pero perdonar significa liberar al que ha causado la ofensa y entregarlo a Dios. Es decir: "Sé lo que ha hecho y siento el dolor causado por ello, pero escojo *no* ser el que determine la sentencia que le corresponde." Cuando perdonamos, abandonamos nuestros roles de juez, jurado y verdugo y se los entregamos a Dios.

El Nuevo Testamento comunica esa idea por medio del verbo griego *aphiemi*, una de las palabras que más comúnmente se traducen como "perdonar" en las versiones de la Biblia en inglés. Sin embargo, en la mayoría de los casos, *aphiemi* se traduce como "dejar" o "dejar ir," e involucra la liberación voluntaria de una persona o cosa sobre la cual tenemos control legal o verdadero.

Entonces, cuando perdonamos, abandonamos el control que teníamos sobre las personas que nos han dañado. Dejamos de jugar a Dios en sus vidas. Ya no determinaremos lo que es justo para ellos ni trataremos de estar seguros de que ellos obtienen lo que se merecen. Por tanto, el perdón es un acto de fe. Le entregamos a Dios aquellos que nos han lastimado. Se los *confiamos* a Dios, diciendo: "La venganza no me pertenece, es solamente tuya." Y como todos los actos de fe, el perdón contiene un elemento de riesgo. ¿Qué ocurre si Dios no se desquita de aquellos que nos hirieron? ¿Qué ocurre si Dios escoge extenderles su misericordia?

Un joven que había sufrido muchísimo a causa del egoísmo de

sus padres y su eventual divorcio expresó el riesgo que implicó el perdonar a sus padres: "Cuando llegó el momento de perdonar a mis padres, tuve que optar por soltar la espada que pensaba que tenía derecho a usar. Pero cuando solté mi espada, fue como soltarme a mí mismo." Su resentimiento y su rol de verdugo blandiendo la espada se habían convertido en parte de su identidad. ¿Qué quedaría de él si los entregaba?

David Augsburger nota que la palabra *perdonar* en el inglés *[forgive]* es "una forma extendida, expandida y fortalecida del verbo *dar [give]*. Al intensificar el verbo, hablamos de dar en su nivel más profundo, la entrega de sí, de *dar* y de *renunciar* partes de mí mismo a las que estoy profundamente aferrado."[89] Al darle a Dios aquellas personas que nos han ocasionado un mal, nos entregamos a nosotros mismos también. Las partes de nosotros que hemos estado sosteniendo, se las confiamos ahora a él. Por lo tanto, no nos debería causar ninguna sorpresa que haya semejante poder de sanidad en el perdón. Cuando liberamos a los demás y a nosotros mismos a Dios, renunciamos a todo control y entonces la presencia y poder de Dios se liberan en nosotros.

El soportar el dolor y liberar a aquellos que nos han lastimado constituyen el corazón mismo del perdón. Pero deseo enfatizar que el perdón no ignora ni pone de lado las exigencias de la justicia. Uno puede deducir que cuando perdonamos, abandonamos todo esfuerzo por responsabilizar a los que nos han dañado por su conducta, dejando todo eso en manos de Dios y de los demás. Sin embargo, eso no es cierto.

En el caso de la víctima de un abuso sexual, por ejemplo, el perdonar al que la haya abusado no sería incompatible con exponer o promover una acción legal en contra de él o de ella. El perdón no significa tolerar la injusticia. "Las obras infructuosas de la oscuridad" tienen que ser expuestas (Efesios 5.11). Las acciones tienen consecuencias que las personas que hacen el mal se ven forzadas a aceptar. Cuando se cometen delitos, los malhechores tienen que ser entregados al sistema judicial. El soportar el dolor y entregar a aquellos que nos han causado daño tiene que ver con las *actitudes* hacia los mismos; el buscar justicia tiene que ver con nuestras *acciones*. Esas actitudes y acciones no se oponen entre sí. En realidad, el practicar el perdón y el promover la justicia van de la mano. Una vez que hayamos tomado la decisión de perdonar, nuestro deber al promover la justicia es no vengarnos nosotros mismos o destruir a los culpables, sino protegernos a nosotros y a los demás en la comunidad de todo daño futuro ocasionado por el malhechor. Además, al insistir en que el delincuente se responsabilice de sus acciones, le estamos en realidad extendiendo gracia al ofrecerle la oportunidad de enfrentar la verdad acerca de sí mismos, de admitir su delito y de arrepentirse de sus maldades.

Los dos últimos pasos del perdón apuntan al futuro y se centran en la posibilidad de nuevas relaciones—con nosotros mismos y con las personas que nos hayan ofendido.

Un nuevo comienzo.
6. Asumiendo la responsabilidad de nosotros mismos. Mientras que sigamos culpando a los demás por nuestros problemas, evadimos la responsabilidad propia; ellos están en el atolladero. Al librarlos, sin embargo, los sacamos del mismo. ¿Y a dónde nos deja eso? Ahora la responsabilidad es nuestra, y ya no podemos inventarnos ninguna excusa.

A menudo, cuando la gente se siente obligada a perdonar, dudan, ya que saben instintivamente que si lo hacen, ya no tendrán a quién culpar por su desgracia. Cuando se vio confrontado a causa de su obesidad, un hombre reaccionó de manera defensiva: "Usted también estaría con sobrepeso si hubiera tenido un padre neurótico como el mío." ¿Qué ocurriría pues si perdonara a su padre? Ya no tendría excusa alguna para su problema de peso y no podría culpar a nadie más que a sí mismo por su gordura.

Desgraciadamente, vivimos en una cultura de víctimas que nos estimula a jugar al juego de culpar a los demás por todo. Para muchos, el retratarse como víctima se ha convertido incluso en un pasatiempo atractivo.

El perdón le asesta un golpe a la raíz misma del estatus de víctima de una persona. Es posible que hayamos sido una víctima, pero no tenemos por qué quedarnos atascados en ese lugar. Al asumir la responsabilidad de nosotros mismo, declaramos que lo que ha ocurrido no define quiénes somos. Tenemos una identidad que se encuentra separada de nuestro dolor.

Por supuesto que eso puede ser arriesgado y puede causarnos miedo. Nos hemos acostumbrado a depender de nuestras excusas y a sentirnos cómodos con nuestra identidad de víctimas. El perder a un enemigo a quien podemos resentir y culpar puede turbarnos más que el perder a un amigo. Es posible que al aferrarnos a nuestro dolor y resentimiento, estemos satisfaciendo una necesidad interior.

Sin embargo, cuán liberador es cuando, al perdonar, aceptamos la responsabilidad de nosotros mismos. Las personas que nos han lastimado ya no ejercen ningún control sobre nuestras vidas. Cuando perdonamos, no sólo los ponemos en libertad a ellos, sino que nos liberamos de ellos y tenemos ahora la libertad de determinar nuestro destino independientemente de nuestras heridas.

7. *Anhelando reconciliarse.* El objetivo principal y el propósito del perdón son la reconciliación, o la restauración y renovación de las relaciones quebrantadas. Por tanto, el perdón no es únicamente dejar atrás toda amargura y deseos de revancha. Por más sano y liberador que esto sea, sólo forma parte del lado negativo del perdón. El lado positivo es la reconciliación, la unión de personas que han estado alienadas la una de la otra.

De acuerdo con algunos terapeutas, deberíamos perdonar al que nos ha ofendido solamente por el hecho de que nos beneficia. "Perdonen," nos dicen, "para que puedan sentirse mejor, libres de vuestro injusto pasado, y no permitan más que el infractor ejerza control sobre vuestra vida. Hagan esto por *ustedes mismos*." Y es verdad. El perdonar a los demás *es* lo mejor para nosotros.

Pero desde el punto de vista cristiano, el perdonar por el solo hecho de que se curarán mis heridas y podré avanzar con mi vida no es suficiente. Abarca el propósito negativo del perdón, pero no incluye el positivo: la reconciliación con la persona que me ha ofendido.

Por supuesto, la *naturaleza* y el *alcance* de la reconciliación dependen de una cantidad de factores, siendo el más importante el deseo del agresor de reconciliarse con nosotros y tomar la costosa acción necesaria para poder lograrlo. En muchas instancias, no podremos alcanzar la medida de reconciliación que deseamos. Por ejemplo, ¿qué hacemos cuando el culpable se niega a reconciliarse con nosotros o persiste en su conducta dañina? A veces tendremos que conformarnos con menos. En una escala de reconciliación del uno al diez, quizás tengamos que vivir con un tres.

Sin embargo, el perdón debería poner en nuestro interior un anhelo de reconciliación. Al principio diremos con reticencia: "Yo los perdono, pero no quiero tener nada que ver con ellos nunca jamás." Y quizás ese sea un lugar suficiente para comenzar. Pero a medida que el perdón hace su obra, cambiará nuestra actitud. Comenzaremos a percibir a nuestro agresor a través de los ojos de la compasión. Quizás algún día nos encontremos deseándoles el bien. Nuestro anhelo de una relación reconciliada puede intensificarse tanto que es posible que nos apenemos si no funciona.

EL PERDÓN JUNTO A LA CRUZ

El proceso de perdonar a alguien que nos ha lastimado nos lleva una vez más a la cruz de Cristo. Al escribir sobre alguien que había causado dolor a la iglesia de Corinto, Pablo realiza esta fascinante afirmación: "A quien ustedes perdonen, yo también lo perdono. De hecho, si había algo que perdonar, lo he perdonado por consideración a ustedes en presencia de Cristo" (2 Corintios 2.10). Noten esta última frase: "en presencia de Cristo."

A veces, los consejeros colocan una silla vacía enfrente del cliente y le piden que haga de cuentas que la persona que los ha herido está sentada en ella. Se los insta a que pronuncien palabras de perdón a esa persona, tal como si él o ella estuvieran realmente allí. En algunos casos, ésta suele ser una técnica muy efectiva para facilitar el perdón.

Sin embargo, como cristianos, deberíamos perdonar no sólo en la presencia de un agresor, sino, siguiendo el ejemplo de Pablo, en la presencia de Cristo. Y si una silla vacía les puede ayudar a comunicar la presencia de otra persona, qué mejor manera de comunicar la presencia de Cristo que imaginándonos a nosotros mismos al pie de la cruz. Allí llevamos nuestras heridas, allí reconocemos nuestro resentimiento y deseo de venganza y, sobre todo, allí recibimos la fuerza necesaria para poder perdonar.

Al estar de pie junto a la cruz, debemos recordar que, al principio, el perdón es más una decisión que una emoción. Primero y principalmente es un asunto de la voluntad. Nos acercamos a un lugar donde elegimos perdonar. Es posible que estemos luchando en contra de nuestros sentimientos negativos hacia aquellas personas que nos hayan lastimado, y quizás lo sigamos haciendo por bastante tiempo. Lo más importante al principio es nuestra buena voluntad para hacerlo. Al perdonar, enviamos nuestra voluntad adelante por correo exprés; nuestras emociones, generalmente, llegan más tarde, a bordo de un lento tren de carga.

Pero, ¿qué ocurre si no estamos dispuestos a perdonar? El dolor es tan grande, la ira y el resentimiento tan intensos, que no hay nada en nosotros que desee dejar de lado estas cosas. En ese caso deberíamos orar: "Señor, ayúdame a estar dispuesto a tener la buena voluntad para hacerlo." Como aconsejó cierta vez un predicador puritano: "Si no nos podemos acercar a Dios *con* un corazón quebrantado, acerquémonos a Dios *para* que nos lo dé." De modo que si no podemos ir a la cruz *con* un corazón dispuesto a perdonar, vayamos allí *para que* Cristo nos lo dé.

Hace varios años, tuve un curioso pensamiento. Si Jesús cargó con las injusticias cometidas en contra de él en la cruz, así como con las injusticias cometidas en contra de nosotros, entonces cuando clamó: "Padre, perdónalos," ¿es posible que el perdón que les estaba ofreciendo a sus agresores, lo estuviera extendiendo también a los nuestros? Si eso es cierto, entonces realmente Jesús ya ha extendido su perdón a las personas por lo que ellas nos han hecho. De modo que si no podemos tener la buena voluntad de perdonarlas, podemos orar: "Jesús, tú vives en mí. Por tanto, pronuncia en mí y por medio de mí tus palabras de perdón. Ayúdame a unirme a ti para decir juntos: 'Padre, perdónalos'. Aun cuando yo no lo pueda decir, puedo, al menos, permitir que tú lo pronuncies en mí."

Leanne Payne cuenta cómo un cierto día, mientras que luchaba para poder dejar de lado el odio que sentía por algo imperdonable que le habían hecho, Cristo pronunció las palabras de perdón en ella:

> Yo había recibido de esta persona ataques que eran irracionales y cargados de envidia, mentiras e injurias. Pero ese día, emergió el acto final a la luz, uno que para mí era y aún es impensable, uno que estaba destinado a destruirme a mí y a todo lo que yo amaba. El acto fue directamente al centro de mi ser. En dolor y asombro, entendí por primera vez cómo en la pasión del odio una persona es capaz de matar a otra...
>
> Caí de rodillas y le supliqué a Dios que me ayudara. "Por favor, no me permitas odiar," clamé

una y otra vez. Sin obtener ningún alivio, llamé por teléfono a una amiga para que viniera y me ayudara a orar. Toda la tarde, tirada boca abajo sobre el sillón de la sala, clamé a Dios y mi compañera de oración clamó junto a mí... Luego vino un momento en el que mi súplica fue interrumpida instantáneamente por la conciencia asombrosa de Cristo en mí y, desde ese centro donde misteriosamente él y yo éramos uno, se extendió el perdón a mi enemigo. Fue como si Cristo en mí y a través de mí hubiera perdonado a esa persona (¿quién puede explicar algo semejante?); sin embargo, yo también perdoné.[90]

Como Leanne, en su presencia obtenemos la gracia para dejar ir todo resentimiento y deseo de venganza. Mientras aguardamos junto a la cruz, Jesús pronuncia en nosotros sus palabras de perdón.

La sanidad de nuestras heridas y la transformación de nuestros sentimientos hacia aquellos que nos han lastimado pueden entonces verdaderamente comenzar. Pero, a menudo, esta parte del proceso del perdón ocurre lentamente, capa por capa. A veces, después de tomar la decisión de perdonar, nuestros sentimientos negativos hacia la otra persona en realidad se intensifican. Como cuando le quitamos la tapa al recipiente de basura, nuestra decisión de perdonar puede liberar olores nauseabundos que habían estado sellados hasta ese momento. Afloran las emociones reprimidas a la superficie. La ira puede arder con mayor furia que nunca. O podemos vernos abrumados por una intensa tristeza. El elegir perdonar puede hacer que el dolor se intensifique. Ahora que le hemos quitado la tapa, comenzamos a recordar incidentes dolorosos. Imágenes agonizantes invaden nuestra mente. Heridas ya viejas se vuelven a abrir. Nos parece que retrocedemos, que estamos peor y no mejor.

Padre, perdónalos

En este punto, nos vemos tentados a pensar: *En realidad yo no lo he perdonado a fulano de tal. Si lo hubiera hecho, no estaría experimentando semejante dolor y resentimiento.* La verdad es que el perdón es tanto una crisis (una decisión definida) como un proceso (la liberación del dolor y del resentimiento y la recepción de sanidad a niveles cada vez más profundos). Hemos tomado la decisión de perdonar, pero estamos todavía implicados en el proceso donde tantos giros y vueltas emocionales están al acecho. De modo que no tenemos que volver a comenzar. Simplemente necesitamos reafirmar nuestro propósito de perdonar, pidiéndole al Señor que lo profundice. Tenemos también que continuar ofreciendo nuestros sentimientos de dolor y odio a Dios, orando: "Señor, sana el dolor y limpia el odio." Al hacerlo, descubrimos que Dios, quien ha comenzado su buena obra en nosotros, es fiel para perfeccionarla (Filipenses 1.6).

Pero la sanidad y la limpieza de nuestro corazón no es un asunto inmediato. Es posible que en la crisis del momento escojamos perdonar, pero la elaboración de nuestro dolor y de nuestra amargura lleva tiempo. Quizás hasta encontremos que el mandato de Jesús de perdonar "no... siete veces, sino hasta setenta y siete veces" (Mateo 18.22) se aplique al mismo agravio. Sin embargo, en la cruz, nos espera la gracia para ayudarnos a que lo logremos; a que terminemos la buena obra de perdón comenzada en nosotros.

¿Necesitan la gracia para comenzar el proceso de perdonar a alguien que ha sido injusto con ustedes y los ha lastimado? ¿Necesitan la gracia para continuar al mismo tiempo que luchan con vuestros sentimientos de dolor y amargura? Vengan al Calvario. Es el lugar donde se perdona. Escuchen como Jesús dice: "Padre, perdónalos." La gracia de Dios, que inicia, sostiene, sana, transforma, es suficiente y abundante allí. Es la gracia necesaria para perdonar.

PREGUNTAS PARA REFLEXIÓN PERSONAL O EN GRUPO

1. ¿Ha perdonado alguna vez a alguien que lo haya lastimado profundamente? ¿Qué es lo que recuerda más vívidamente de esa experiencia?
2. ¿Se ha encontrado alguna vez envuelto en un "perdón defectuoso"? ¿Tapando los hechos? ¿Tratando de encontrar explicaciones? ¿Dando excusas por el dolor causado por los demás? ¿Culpándose a usted mismo por el dolor?
3. ¿Está en este momento en el proceso de perdonar a alguien? Basándose en los siete pasos descritos en el capítulo, ¿en qué paso(s) se encuentra ahora envuelto?
4. Personalice la siguiente oración: "Jesús, muéstrame la verdad sobre los clavos en mi alma. Quítalos por medio de tu gracia. Ayúdame a considerar mis sentimientos a medida que me revelas los hechos. Dame la gracia para admitir mi resentimiento. Fortaléceme para que pueda soportar el dolor dirigido en contra de mí. Mueve mi corazón para que puede entregarte a aquellos que han pecado contra mí, confiando completamente en que tú eres el único Juez justo. Infunde responsabilidad en mí. Muéstrame cómo puedo liberarme y reclamar mi identidad separada del dolor. Que mi corazón lata con un anhelo por la reconciliación a medida que se conjuga con tu voluntad. Haz, Señor, que camine en la senda del perdón,."

9

Ama a tus enemigos

¿Cómo conquista entonces el amor? No preguntando cómo el enemigo la trata a ella sino sólo cómo la trata Jesús. El amor por nuestros enemigos nos lleva por el camino de la cruz a la comunión con el Crucificado. Cuánto más andamos por ese sendero, más cierta es la victoria del amor sobre el odio del enemigo. Porque entonces no se trata del amor del discípulo, sino solamente del amor de Jesucristo, quien por el bien de sus enemigos fue a la cruz y oró por ellos mientras allí colgaba.

DIETRICH BONHOEFFER

En 1915, durante un conflicto religioso y étnico en el cual más de un millón de armenios fueron aniquilados por los turcos, una unidad militar atacó una aldea, matando a todos los adultos y llevándose a las mujeres jóvenes como rehenes. En un hogar, después de matar a los padres, el oficial a cargo le dio las hijas a los hombres bajo su mando, pero se quedó con la hermosa hija mayor para él. Después de muchos meses de esclavitud y de abuso sexual, ella logró escaparse y comenzó a reconstruir su vida. Finalmente, asistió a una escuela de capacitación y se convirtió en una enfermera.

Varios años después, una noche en la que se encontraba trabajando en la unidad de cuidados intensivos de un hospital, reconoció el rostro de un paciente que estaba desesperadamente enfermo. Era el oficial que la había esclavizado y abusado asesinado a sus padres. Su estado de coma requería atención y cuidados constantes. Sólo después de una época extensa y difícil en la cual estuvo prácticamente semiconsciente la mayor parte del tiempo, comenzó a recuperarse.

Un día, cuando estaba finalmente recuperando su salud, un doctor le habló sobre la enfermera que lo había estado cuidando. "Qué hombre tan afortunado es usted," le comentó. "Sin la constante devoción de ella nunca se hubiera sanado."

Más tarde, cuando estaban a solas, el oficial miró a la enfermera.

—He deseado preguntarle esto durante días, ¿nosotros nos conocemos, verdad?

—Sí, —asintió la enfermera—. Nos hemos conocido antes.

—No comprendo, —prosiguió diciendo él—. ¿Por qué no me mataste cuando tuviste la oportunidad de hacerlo? ¿Por qué no me dejaste simplemente morir?

—Porque soy una seguidora de Aquél que dijo: 'ama a tus enemigos', —contestó la enfermera.[91]

Los seguidores de Jesús habían recibido la enseñanza de amar a sus semejantes y odiar a sus enemigos, pero en el Sermón del Monte, Jesús les ordena amar a sus enemigos y orar por los que los persiguen (Mateo 5.43-44). Él les dijo: "Pero a ustedes que me escuchan les digo: Amen a sus enemigos, hagan bien a quienes los odian, bendigan a quienes los maldicen, oren por quienes los maltratan" (Lucas 6.27-28). Perdonar a nuestros enemigos no es suficiente; Jesús nos llama a amarlos también.

Cuando digo "enemigos," pienso en aquellos que nos han infligido daños y lesiones emocionales. Quizás nunca los habíamos percibido como nuestros enemigos anteriormente. En la mayoría de los casos han sido nuestros padres, hermanos y hermanas, esposos y esposas o amigos cercanos, aquellos que deberían ser los que más nos aman. Sin embargo, por medio de sus palabras y acciones dolorosas nos han tratado como si fuéramos sus enemigos. En muchos de los casos, su "fuego amistoso" fue mucho más mortal que cualquier fuego del enemigo, de manera que el mandamiento de amar a nuestros enemigos es particularmente apropiado para ellos. Como en el caso de perdonar a la gente, Jesús practicó lo que había predicado sobre amar a nuestros enemigos, y lo practicó en el momento más difícil: al colgar de la cruz. Por medio de su ejemplo, podemos determinar qué es lo que nos puede significar amar a aquellos que nos han tratado como sus enemigos. Dos pasajes de las Escrituras: 1 Pedro 2.18-25 y Romanos 12.14-21 son especialmente útiles para enseñarnos cómo amar a nuestros enemigos. El primero describe cómo les mostró amor Jesús a sus enemigos mientras que estaba pendiendo de la cruz; el segundo, lo que significa para nosotros amar a nuestros enemigos.

CUANDO FUE MALTRATADO

Al escribirle a las congregaciones cristianas nacientes que estaban experimentando una cada vez mayor hostilidad y persecución, Pedro les recuerda a sus lectores la forma en que respondió Cristo cuando fue sometido al sufrimiento injusto de la cruz. En 1 Pedro 2.18-25, él les habla directamente a los esclavos cristianos que estaban siendo duramente maltratados. Algunos habían sido golpeados despiadadamente (en griego, *kolaphizein*: "golpear con los puños") por sus amos enojados (1 Pedro 2.20), una experiencia que Cristo había compartido cuando le daban puñetazos durante las últimas horas de su vida (en griego, *kolaphizein*; Mateo 26.67; Marcos 14.65). Y Cristo, en su crucifixión, había sido también ejecutado en la misma forma que los esclavos.

Pedro le dice a los esclavos cristianos que Cristo, al soportar un sufrimiento injusto, les dejó un ejemplo digno "para que sigan sus pasos" (1 Pedro 2.21). Él no sufrió por haber cometido alguna falta. Como el siervo sufriente de quien Isaías había hablado siglos antes:

Él no cometió ningún pecado,
ni hubo engaño en su boca.
(1 Pedro 2.22; comparen con Isaías 53.9)

Jesús sufrió por hacer el bien. ¿Y cómo respondió? Pedro describe el modelo de paciente resistencia que exhibió Jesús. *"Cuando proferían insultos contra él, no replicaba con insultos" (1 Pedro 2.23).* A lo largo de toda la Pasión, desde que fue llevado frente al sumo sacerdote hasta el momento de su muerte, Jesús fue sometido a un intenso abuso verbal. Anteriormente hemos considerado la burla que tuvo que soportar. Comenzó durante su juicio, cuando los líderes religiosos y los guardias lo insultaban y "le lanzaban muchos otros insultos" (Lucas 22.65). Cuando fue puesto en manos de Herodes y sus soldados, ellos también lo trataron "con desprecio y burlas" (Lucas 23.11) Más adelante, los soldados de Pilato se burlaban y se reían de él (Mateo 27.29-30). Cuando colgaba de la cruz, aquellos que pasaban por allí "meneaban la cabeza y blasfemaban contra él" (Marcos 15.29). Los jefes de los sacerdotes junto con los maestros de la ley que estaban allí "se burlaban de él" (Marcos 15.31). Incluso los ladrones que estaban crucificados con él "lo insultaban" (Marcos 15.32). En las últimas horas de su vida, el abuso verbal intenso e incesante lo atacaba desde todas las direcciones. Sin embargo, "maltratado y humillado, ni siquiera abrió su boca." Isaías escribió:

Como cordero, fue llevado al matadero;
Como oveja, enmudeció ante su trasquilador;
Y ni siquiera abrió su boca. (Isaías 53.7)

En las palabras del himno afro-americano: "Han crucificado a mi Señor, y él nunca pronunció ni un balbuceo, ni una palabra, ni una palabra, ni una palabra."[92] Sus palabras insensibles y llenas de odio no pudieron provocar ninguna represalia.

"Cuando padecía, no amenazaba" (1 Pedro 2.23). Mientras que Jesús sufría un insulto tras otro, podría haber apelado a Dios y al instante hubieran llegado doce legiones de ángeles a defenderlo (Mateo 26.53). Sin embargo, él ni siquiera amenazó con utilizar el poder que estaba a su disposición. A diferencia de muchos mártires judíos famosos, él no clamó contra sus verdugos, amenazándolos con la ira que Dios estaba acumulando en contra de ellos.

"Sino que se entregaba a aquel que juzga con justicia" (1 Pedro 2.23). En vez de responder, Jesús estuvo satisfecho con encomendar su caso a Dios. El erudito del Nuevo Testamento, Howard Marshall, observa: "Él depositó su destino en las manos de Dios y obedeció el principio de que no debemos buscar venganza sino más bien dejar que sea Dios quien juzgue a nuestros adversarios."[93]

Habiendo descrito el ejemplo que nos dejó Jesús al soportar con paciencia el sufrimiento injusto, Pedro cambia de rumbo. Con Isaías 53 aún presente en su mente, pasa a describir el propósito del sufrimiento de Cristo para la humanidad en general.

"Él mismo, en su cuerpo, llevó al madero nuestros pecados" (1 Pedro 2.24). La muerte de Cristo nos proporciona un ejemplo de sufrimiento, pero aún más que eso, es la expiación de nuestros pecados. El erudito del Nuevo Testamento, J. N. D. Kelly dice: "'Llevar nuestros pecados significa cargar con la culpa de nuestros pecados, aceptando el castigo que se merecen, y de esa forma asegurarse de que sean desechados."[94] Al colgar de la cruz, Jesús tomó sobre sí el castigo por nuestros pecados.

A pesar de su muerte redentora, él hizo más que liberarnos de las consecuencias negativas de nuestros pecados pasados. Una vez más, haciéndose eco de las palabras de Isaías, Pedro describe tres beneficios positivos de la cruz para nuestra vida en este momento:

1. *Vida justa:* "Para que muramos al pecado y vivamos para la justicia" (2.24).

2. *Sanidad:* "Por sus heridas ustedes han sido sanados" (2.24).

3. *Restauración:* "Antes eran ustedes como ovejas descarriadas, pero ahora han vuelto al Pastor que cuida de sus vidas" (2.25).

En la cruz, Jesús ha abierto la posibilidad de una nueva vida — justicia, sanidad y restauración— para sus enemigos y para toda la humanidad. Por supuesto, sus enemigos no estaban conscientes de lo que él estaba haciendo. Mientras proferían sus insultos cargados de veneno en contra de él, todo el tiempo él los bendecía y oraba: "Padre, perdónalos, porque no saben lo que hacen." Él también le prometió salvación al ladrón penitente que colgaba junto a él: "Te aseguro que hoy estarás conmigo en el paraíso" (Lucas 23.43). Las palabras de Jesús desde la cruz demuestran su deseo de otorgar perdón y vida eterna a todos.

A la luz de cómo amó Jesús a sus enemigos, Pedro luego exhorta a todos los cristianos que se enfrenten al mal y al sufrimiento injusto: "No devuelvan mal por mal ni insulto por insulto; más bien bendigan, porque para esto fueron llamados, para heredar una bendición" (1 Pedro 3.9). El ejemplo de Cristo en la cruz soportando el mal y bendiciendo a los malhechores se convierte en la base de lo que se nos ordena hacer con respecto a aquellos que nos han lastimado.

SOPORTANDO EL MAL

¿Qué significa, en términos prácticos, soportar el mal? Por ejemplo, ¿cómo soportan las víctimas de abuso sexual el mal sufrido y bendicen a sus agresores? ¿Cómo puede amar la persona que ha pasado por un divorcio doloroso a su perverso ex cónyuge? Romanos 12.14-21 nos ayudará a encontrar respuestas a estas preguntas.

Quisiera comenzar por enfatizar que el soportar el mal no significa en absoluto hacer caso omiso o minimizar el mal que nos han ocasionado. En el último capítulo, hemos enfatizado que el primer paso para perdonar es enfrentar los hechos, ser absolutamente honestos en cuanto a las injusticias sufridas. Lo mismo aquí. El amar a aquellos que nos han lastimado significa que soportamos con paciencia el mal que nos causaron, pero no significa que lo ignoremos o encontremos excusas para semejante acción.

En Romanos 12.14-21, Pablo realiza dos afirmaciones con respecto al mal: "No paguen a nadie mal por mal" (versículo 17), y "No te dejes vencer por el mal; al contrario, vence el mal con el bien" (versículo 21). Consideraremos lo que significan ambos versículos, pero primero notemos lo que Pablo ha dicho unos pocos versículos antes: "El amor debe ser sincero. *Aborrezcan el mal*; aférrense al bien" (versículo 9, énfasis del autor). Además de no pagar por el mal y vencer el mal, se nos dice que debemos aborrecer el mal.

¿Pero cómo podemos amar a nuestros enemigos y aborrecer el mal al mismo tiempo? ¿Acaso no son ambos mutuamente exclusivos? ¿Acaso la presencia del amor no expulsa el odio y viceversa? No de acuerdo a lo que dice Pablo. Él nos exhorta a amar *y* aborrecer al mismo tiempo. De hecho, podemos deducir de sus palabras que para que el amor sea genuino, debemos aborrecer el mal. El comentario de John Stott de este versículo es muy perspicaz: "Cuando el amor es 'sincero' (literalmente, 'sin hipocresía'), posee discernimiento moral. Nunca pretende que el mal sea otra cosa, ni tampoco lo aprueba. El compromiso con el mal es incompatible con el amor. El amor busca el mayor bien para los demás y por lo tanto aborrece el mal que lo estropea. Dios aborrece el mal porque su amor es amor santo; nosotros debemos aborrecerlo también."[95]

El odiar el mal incluye el anhelo de ver a los malvados juzgados algún día por sus acciones. Como dije en el capítulo anterior, el deseo de ver que la justicia, la bondad y la belleza prevalecen en nuestro mundo es algo que ha sido plantado por Dios en nuestro corazón. La pasión por una venganza legítima es también parte del deseo que Dios nos ha dado. Muchos cristianos consideran que el deseo de venganza es inherentemente malo. Pero Dios dice: "Mía es la venganza; yo pagaré" (Romanos 12.19; Deuteronomio 32.35). Si la venganza está siempre mal, ¿cómo puede reclamar Dios su derecho a ella?

Por supuesto, la forma en que los seres humanos manifiestan la venganza es siempre penosamente equivocada. Puede surgir de los motivos más bajos, pero la venganza en sí no es mala; es únicamente mala cuando toma la forma incorrecta o se la lleva a cabo en el momento equivocado. En su libro profundo *Bold Love* [Amor atrevido], Dan Allender y Tremper Longman III expresan muy bien esta distinción:

> La venganza, a veces, puede ser ilegítima, pero no es inherentemente equivocada. La venganza es parte del carácter de Dios y no es contradictoria a su amor y misericordia. El desquite implica el deseo de justicia. Es el deseo intenso de ver a lo feo destruido, a lo equivocado corregido, y a lo hermoso restaurado. Es tan inherente al alma humana como lo es el deseo por la belleza.[96]

El amar a nuestros enemigos soportando el mal no significa que toleremos el mal que nos han ocasionado a nosotros y a los demás. El amor no *aprueba* el mal; más bien, el amor lo *condena*, lo aborrece porque estropea la buena creación de Dios y anhela el día del juicio y la restauración final. Sin embargo, el anhelar ese día no nos da el derecho de ser el preludio del mismo. Las otras dos exhortaciones de Pablo con respecto al mal lo ponen de manifiesto.

"No paguen a nadie mal por mal. Procuren hacer lo bueno

delante de todos" (12.17). Las palabras de Pablo, así como las de Pedro (1 Pedro 3.9) son el eco de lo que dice Jesús en el Sermón del Monte: "No resistan al que les haga mal" (Mateo 5.39). Las tres frases enfatizan que el soportar el mal significa negarse a tomar represalias. Cuando tomamos represalias, sólo añadimos al mal que está presente en el mundo. Alimentamos el fuego de lo que Martin Luther King, Jr. denominó "la reacción en cadena del mal." En su libro *Strength to Love* [Fuerza para amar], él dice: "El responder al odio con odio lo multiplica, agregando una oscuridad aún más profunda a la noche que ya carece de estrellas. La oscuridad no puede expulsar a la oscuridad; sólo la luz puede hacerlo. El odio no puede expulsar al odio; únicamente el amor puede hacerlo. El odio multiplica al odio, la violencia multiplica a la violencia, y la dureza multiplica a la dureza en una espiral descendente de destrucción."[97]

Cuando pagamos el mal con mal, no sólo incrementamos el mal, sino que permitimos que nos controle. El mal que nos hacen dicta nuestra respuesta. Como resultado, nos convertimos en la persona que aborrecemos. Virgil Elizondo dice que "lo más pecaminoso del pecado mismo y su mayor tragedia es que convierte a la víctima en un pecador."[98]

Cuando nos negamos a tomar represalias, interrumpimos la reacción en cadena del mal en el mundo, y también disminuimos la influencia del mal en nuestra propia vida. En ciertas ocasiones, no tomar represalias parece algo poco práctico o simplemente atroz. A menudo no alcanzaremos ese ideal tan perfecto, sin embargo es vital para nuestra propia sobrevivencia espiritual. Cada vez que podemos evitar el tomar represalias, demostramos que Dios, no el poder del mal, reina en nuestra vida.

A pesar de que el deseo de venganza no es inherentemente malo, el obrar de acuerdo a ese deseo, asumiendo el rol de verdugo, está terminantemente prohibido en la Biblia. "No tomen venganza, hermanos míos" (Romanos 12.19). El amar a nuestros enemigos significa renunciar a nuestro derecho de venganza. En cambio, debemos dejar "el castigo en las manos de Dios, porque está escrito: 'Mía es la venganza; yo pagaré', dice el Señor" (Romanos 12.19). El ejecutar venganza está sin duda fuera de la jurisdicción humana. Es la prerrogativa de Dios, nunca la nuestra. Sólo Dios sabe todo lo que se necesita para ejecutar justa y adecuadamente la venganza. Nosotros podremos gemir junto con toda la creación (Romanos 8.22-23) a la espera del día de la redención final. Junto con los santos martirizados podemos exclamar: "¿Hasta cuándo, Soberano Señor, santo y veraz, seguirás sin juzgar a los habitantes de la tierra y sin vengar nuestra muerte?" (Apocalipsis 6.9-11). Pero no debemos jamás tomar la venganza en nuestras propias manos; se la debemos dejar a Dios.

BENDICIENDO AL QUE HACE MAL

En su última exhortación, Pablo, una vez que nos ha dicho lo que no debemos hacer, es decir, tomar represalias o buscar venganza, nos ordena que llevemos a cabo una acción positiva: "No te dejes vencer por el mal; al contrario, vence el mal con el bien" (Romanos 12.21). Es posible vencer el mal, conquistarlo aquí y ahora, cuando respondemos con el bien.

Pero, ¿qué expresión concreta debería tomar el bien? Pablo ya ha indicado, en los versículos precedentes, dos de dichas expresiones. Haciéndose eco de las palabras de Jesús en el Sermón del Monte (Mateo 5.44; Lucas 6.27-28), él escribe: "Bendigan a quienes los persigan; bendigan y no maldigan" (Romanos 12.14). Toma también una cita de Proverbios: "Así que, si tu enemigo tuviere hambre, dale de comer; si tuviere sed, dale de beber; pues haciendo esto, ascuas de fuego amontonarás sobre su cabeza" (Romanos 12.20; comparen con el Proverbio 25.21-22).

El hacer el bien a aquellos que nos han estado haciendo mal implica tanto *palabras* como *hechos*, tanto *bendición* como *servicio*. John Stott dice: "En la comunidad nueva de Jesús, las maldiciones deben reemplazarse con bendiciones, la maldad con oración, y la venganza con servicio. De hecho, la oración limpia el corazón de maldad; los labios que bendicen no pueden al mismo tiempo bendecir; y la mano que está ocupada en servir no puede tomar venganza."[99]

Sin embargo, es importante que aclaremos que, en la práctica, el vencer el mal con el bien implica a menudo una severidad que va en contra de nuestro concepto sentimental de bondad. Porque hacer verdaderamente el bien a alguien significa darle lo que más necesita, no necesariamente lo que desea. Por ejemplo, el hacer el bien a un padre enojado y dictatorial que insiste en controlar a sus hijos adultos puede significar el hacerle frente y negarse a ceder a sus exigencias. Por otro lado, en el caso de una madre débil e indecisa, el hacer el bien puede significar el negarse a hacer algo para obligarla así a tomar una decisión propia. Como sugieren Allender y Longman: "En muchos casos, ese amor audaz pondrá nervioso, ofenderá, lastimará, disturbará y obligará al que es amado a lidiar con su enfermedad interna que le está robando a él y a los demás su alegría."[100]

Ese amor estricto se ejemplifica en la última frase del pasaje que Pablo cita de Proverbios. Al dar de comer y de beber a nuestro enemigo, dice: "ascuas de fuego amontonarás sobre su cabeza" (Romanos 12.20). A pesar de que a muchos de nosotros nos suene como algo poco afectuoso, en la época bíblica era un giro idiomático que significaba el hacer que nuestros enemigos sintieran una profunda sensación de vergüenza, no para ofenderlos o humillarlos, sino para lograr que se arrepintieran y reconciliaran.

A menudo, cuando devolvemos bien por mal, nuestros enemigos quedan atónitos. Ellos esperan que nosotros tomemos represalias recurriendo al mismo poder, manipulación y tácticas vergonzosas que usan ellos. El marcado contraste entre sus acciones y nuestra respuesta los desconcierta y perturba porque expone la maldad de lo que han hecho. Sin embargo, la ingrata exposición es en realidad un obsequio de gracia. Al principio, puede hacerlos sentir vergüenza, pero les ofrece la oportunidad de examinarse a sí mismos y arrepentirse. De una forma u otra, los hará cambiar, ya sea ablandando su corazón o endureciéndolo aún más que antes.

Dan Allender cuenta la historia de una mujer que sospechaba que su marido tenía una relación amorosa con otra mujer. Una noche, ella tomó un avión a la ciudad donde se suponía que su esposo estaba llevando a cabo una reunión de negocios y se registró en el mismo hotel donde él se estaba hospedando. Ella aguardó y observó cuando más tarde él y la otra mujer entraron en su habitación y se quedaron juntos toda la noche.

A la mañana siguiente, ella fue al comedor del hotel y se dirigió a la mesa donde su esposo y la mujer estaban desayunando. Después de saludar a su marido y presentarse a la mujer, ella dijo: "Tenemos mucho que hablar, pero quizás éste no sea el momento oportuno para hacerlo. Por qué no deciden ustedes dos cuándo podríamos hacerlo. Aguardaré vuestra respuesta en mi habitación. Disfruten el desayuno."

Aun cuando sentía un dolor terrible, ella trató de no mostrarse hostil ni rencorosa. Sin embargo, tampoco ignoró el daño o estimuló la relación. Sobre todo, ella quería crear la oportunidad para que la gracia de Dios obrara en el corazón de su marido.

Más tarde, cuando él vino solo a su habitación, ella lo saludó amablemente, pero le indicó claramente que su matrimonio se había terminado a menos que él estuviera dispuesto a lidiar con la violación física, emocional y espiritual de su pacto matrimonial. A pesar de que ella nunca lo amenazó ni lo sermoneó, fue enérgica. Allender resume el impacto que su amor enemigo tuvo en su esposo:

> Él estaba estupefacto, casi al punto de la locura. Ella nunca en su vida había ido en avión a ninguna parte ni se había quedado a solas en un hotel. La

mayoría de las veces era una mujer dependiente y atemorizada; sin embargo había superado su miedo y su soledad y la vergüenza y la rabia de enfrentarse con la amante de su marido. Y sobre todas las cosas, ella no sólo le dio a su marido la libertad de divorciarse de ella, sino que insistió en que lo hiciera si no estaba dispuesto a cambiar. No podría haber ofrecido un obsequio de gracia más grande que éste y nadie hubiera soportado una bofetada mayor que la forma en que ella avergonzó a su marido y lo recibió de vuelta, si él elegía arrepentirse.[101]

Ésta es la clase de amor radical por nuestros enemigos al que somos convocados.

LA MANERA EN QUE DIOS HACE LAS COSAS FUNCIONA

Por supuesto, cuando se nos desafía a la mayoría de nosotros con el llamado de Cristo a amar nuestros enemigos, nuestra reacción inicial es negativa. Nos parece algo absurdo, irrelevante, patético, noble quizás, pero definitivamente de poca practicidad. Sin embargo, como dice Jacob DeShazer: "La manera en que Dios hace las cosas funciona, siempre y cuando probemos hacerlas. Jesús no era un idealista cuyos ideales fueran imposibles de llevar a cabo. Cuando él nos dijo que nos amáramos los unos a los otros, él nos dijo cuál era la mejor manera de actuar, y ésta funciona."[102]

DeShazer es un testigo viviente de cómo el poder de Cristo puede capacitarnos para amar a nuestros enemigos. A pesar de que la lesión emocional no es el enfoque principal de su historia, creo que, cuando se abran al mandamiento de Cristo de amar a vuestros enemigos, esto les servirá de inspiración.

Después del ataque japonés en Pearl Harbor, Hawai, en diciembre de 1941, DeShazer, un bombardero en el ejército de los Estados Unidos, se vio consumido por semejante odio por los japoneses que se presentó como voluntario para una misión secreta con el Escuadrón Jimmy Doolittle. Cinco meses más tarde, el 18 de abril de 1942, se llevó a cabo la misión. Fue un bombardeo sorpresa sobre Tokio, lanzado desde el portaviones *Hornet*, y las bombas cayeron precisamente en el blanco. Pero, desgraciadamente, varios de los B-25, incluyendo el número 16, el avión de DeShazer, se quedaron sin combustible cuando regresaban al portaviones, y aquellos a bordo se vieron obligados a lanzarse en paracaídas sobre el territorio japonés. Unos pocos días más tarde fueron capturados y tomados como prisioneros.

Los japoneses estaban furiosos con el bombardeo y estaban dispuestos a hacer que los cautivos pagaran por ello. Los ataron a unas sillas y les patearon las piernas hasta que los prisioneros se preguntaron si volverían alguna vez a caminar. Uno de los tenientes estaba esposado, y lo izaron y colgaron de un gancho en la pared y lo dejaron allí colgado durante más de ocho horas. Otro hombre le tiró toallas sobre la cara mientras que los japoneses echaban agua sobre su nariz y su boca hasta que estuvo a punto de sofocarse. Por último, después de días de tortura e interrogatorios, los echaron a todos a celdas solitarias.

En su celda, el odio de DeShazer por los japoneses se enconó más aún. Cierto día, cuando el guardia de la prisión le ordenó que limpiara su celda, él se negó a hacerlo. El guardia enfurecido le pegó un puñetazo. DeShazer lo pateó en el estómago. El guardia sacó su vaina y comenzó a azotar a su prisionero con ella. Pero, de alguna manera, el prisionero de guerra pudo alcanzar un balde de agua sucia. Lo levantó y se lo tiró a su enemigo en la cara. Estupefacto, el guardia quedó parado allí, con el agua jabonosa chorreando de su uniforme. Odiaba a DeShazer. DeShazer lo odiaba a él, y así continuó siendo durante los dos años siguientes.

Durante aquellos años, los prisioneros les imploraban a sus captores que les dieran libros. Finalmente, en 1944, les dieron unos pocos, incluyendo una copia de la Biblia. Cada prisionero podía retenerla durante tres semanas. A pesar de que sus padres eran muy creyentes y que él había sido criado en la iglesia, DeShazer percibía al cristianismo como una religión irascible y legalista y nunca se había interesado antes en la Biblia.

Pero cuando se la pasaron a él, animado por otro prisionero que había sufrido una transformación mientras que la leía, DeShazer se encontró devorándosela también. Al estudiar, meditar y memorizar las Escrituras, la Palabra escrita de Dios, DeShazer tuvo un encuentro con Jesucristo, la Palabra de Dios viviente. Allí, en esa miserable celda de prisionero de guerra, el 8 de junio de 1944 oró para recibir a Cristo y le entregó su vida y su futuro. Por primera vez en más de dos años era feliz.

Al sumergirse en las Escrituras, se vio atraído por el fuerte énfasis en el Nuevo Testamento en el amor. Dado que Dios nos ama, dice, nosotros debemos amarnos los unos a los otros, incluso a nuestros enemigos. Pero la idea de amar a sus captores japoneses le parecía algo absurdo. ¿*Amarlos*? Pensó. *Debes estar bromeando.*

Unos días después, ocurrió un incidente que reveló cuán difícil era amar al enemigo. El guardia de DeShazer estaba apurado por regresarlo a su celda. Al abrir la puerta, lo empujó hacia adentro. Antes de que DeShazer estuviera completamente adentro, cerró fuertemente la puerta y le agarró un pie. El guardia comenzó a patear el pie descalzo de DeShazer con su bota con tachuelas. Finalmente, DeShazer pudo abrir la puerta y liberar su pie. Brotaron resentimiento y odio dentro de él en contra del guardia. Deseaba maldecirlo, pero luego recordó las palabras de Jesús en el Sermón del monte: "Amen a sus enemigos y oren por quienes los persiguen" (Mateo 5.44).

DeShazer había memorizado todo el Sermón del Monte, pero

deseaba eliminar ese versículo. Ciertamente, Jesús no esperaba que él amara a alguien que le acababa de aplastar el pie. Sin embargo, ¿habría dado Dios ese mandamiento si hubiera pensado que no era posible obedecerlo? ¿Y acaso no había prometido que obedecería a Dios en todo? DeShazer decidió intentarlo.

A la mañana siguiente, cuando empezó el guardia su turno, él rengueó hacia la puerta de su celda y, en vez de recibirlo con el ceño fruncido, lo saludó calurosamente. El guardia estaba sorprendido. Sin embargo, a la larga, los dos hombres comenzaron a hablar. El guardia estaba contento porque DeShazer deseaba saber acerca de su familia. Luego comenzó a traerle obsequios a su prisionero: una batata hervida, higos y dulces. Aun los otros guardias notaron la nueva actitud de DeShazer. "Número cinco es el más amable de todos," comentaban entre ellos.

Un año más tarde, en agosto de 1945, cuando la guerra estaba llegando a su fin, el amor de DeShazer por sus enemigos se intensificó. Durante varios días, mientras yacía acostado en la esterilla en su celda, su alma fue inundada por oleadas de amor divino. Como lo describió él: "Sentí amor hacia todo el pueblo japonés y un interés profundo en su bienestar. Sentí que todos habíamos sido creados por el mismo Dios y que debíamos compartir tanto nuestras dificultades como nuestra felicidad. ¡Cuánto deseaba poder compartir a Jesús con el pueblo japonés! Sabía que mi Salvador sería también el Salvador de ellos."[103] Diez días más tarde, el 20 de agosto de 1945, después de cuarenta meses de encarcelamiento, DeShazer y los otros prisioneros de guerra fueron liberados y regresaron a sus hogares en América.

Unos pocos años más tarde, la oración de DeShazer por el pueblo japonés fue contestada. En diciembre de 1948, navegó hasta Japón para servir como misionero allí para la Iglesia Metodista Libre. Antes de retirarse, él y su esposa, Florence, pasaron más de treinta años ministrando en Japón, introduciendo a miles de japoneses a una nueva vida en Cristo.

La historia de DeShazer apareció por primera vez en un folleto: *Fui un prisionero de Japón*, el cual contribuyó a la conversión de muchos, incluyendo al Capitán Mitsuo Fuchida, quien había comandado el escuadrón aéreo japonés que bombardeó a Pearl Harbor. Leer en octubre de 1948 el testimonio de DeShazer instó a Fuchida a comprar una Biblia. Cuando la abrió nueve meses más tarde, fue cautivado por su mensaje y especialmente por la oración de Cristo desde la cruz: "Padre, perdónalos, porque no saben lo que hacen" (Lucas 23.34). Cuando se dio cuenta de que Cristo había orado y muerto por él, lloró. En septiembre de 1949, Fuchida recibió a Cristo como su Salvador y Señor, y fue bautizado el domingo de Pascua de 1951. Años más tarde, DeShazer y Fuchida se unieron a menudo para testificar y predicar a multitudes desbordantes en Japón y en el exterior.

"Amen a sus enemigos." Parece ridículo y poco práctico. Pero como descubrió DeShazer: "La manera en que Dios hace las cosas *funciona*, siempre y cuando probemos hacerlas." Al hacerlas, descubriremos, como lo hizo él, que así como Cristo nos ordena a actuar, así nos capacita para hacerlo. Nunca nos pide que hagamos nada sin proporcionarnos el poder para hacerlo. Cuando elegimos amar a nuestros enemigos, nos será impartido el amor de Cristo por ellos.

Entonces, ¿estamos dispuestos a probarlo? ¿Estamos dispuestos a permitir que Cristo quite todos los obstáculos que están atascados en nuestro corazón y que nos impiden amar a nuestros enemigos? ¿Estamos dispuestos a dejar de lado todo nuestro resentimiento y amargura, nuestro deseo de tomar represalias y de vengarnos? ¿Estamos dispuestos a permitir que Cristo ponga amor en nuestro corazón por nuestros enemigos, lo cual nos dará el deseo de bendecirlos?

Al final de *People of the Lie* [Personas de la mentira], su profundo libro sobre el mal, Scott Peck describe las cosas asombrosas que ocurren cuando le permitimos a Cristo transformar nuestro corazón de manera que su amor por nuestros enemigos pueda fluir de nosotros. Peck sostiene que ésa es la única manera en que podemos vencer el mal. Consideremos su descripción conmovedora de la transformación que puede llevarse a cabo en nosotros:

> Cuando uno se ha purificado, por medio de la gracia de Dios, al punto en que uno puede verdaderamente amar a sus enemigos, algo hermoso ocurre. Es como si las fronteras del alma se purificaran al punto de ser transparentes, y una luz excepcional brillara entonces desde la persona...
> Sanar el mal —científicamente o de otra manera— sólo puede ser logrado por medio del amor de las personas. Se necesita un sacrificio voluntario. El sanador individual debe permitir que su alma se convierta en el campo de batalla. Él o ella deben, de manera expiatoria, *absorber* el mal...
> Yo no sé cómo ocurre. Pero sé que es así. Conozco personas que permiten deliberadamente que los atraviese el mal ajeno —ser quebrantados por el mismo pero no rotos— hasta ser en cierto sentido asesinados y sin embargo sobrevivir y no sucumbir. Cuando esto ocurre hay un leve viraje en el equilibrio del poder en el mundo.[104]

¿Permitiremos que esto ocurra en nosotros? ¿Estamos dispuestos a ser un sacrificio voluntario? ¿Permitiremos que nuestras almas se conviertan en un campo de batalla? ¿Convertirnos en un canal de amor que fluye hacia aquel que nos ha herido profundamente?

Cristo puede llenar nuestros corazones con ese amor. Ocurre lentamente mientras tomamos un pequeño paso a la vez al intentar amar a nuestros enemigos. Pero cuando buscamos obedecer su mandamiento de amar a nuestros enemigos, él completa la buena obra en nosotros. El bien vence al mal, y el equilibrio del poder en el mundo habrá cambiado.

PREGUNTAS PARA REFLEXIÓN PERSONAL O EN GRUPO

1. ¿Ha tratado alguna vez de seriamente obedecer el mandamiento de Cristo de "amar a sus enemigos"? ¿Qué actitudes y acciones particulares hacia su enemigo estuvieron involucradas? ¿Qué ocurrió como resultado?
2. En vez de tomar represalias, Jesús estuvo contento con entregar su caso a Dios. Él amaba a sus enemigos, y cargó con sus pecados, otorgándoles la oportunidad de una nueva vida — justicia, sanidad y restauración— para ellos y para toda la humanidad. ¿Qué aspecto del ejemplo de Jesús de amar al enemigo suscita la más notable respuesta en usted?
3. ¿Existe alguien contra quien albergue usted deseos de venganza? ¿Qué hace que sea difícil entregárselos a Dios?
4. ¿Qué acciones específicas de amor puede estar pidiéndole Dios que tome hacia alguien que usted considera un enemigo?

¿Está usted dispuesto a permitir que Cristo quite los obstáculos en su corazón que le impiden "amar a sus enemigos"? ¿Está dispuesto a dejar de lado todo su resentimiento y amargura, su deseo de tomar represalias y de vengarse? ¿Y está dispuesto a permitir que Cristo ponga amor en su corazón por sus enemigos, lo cual le dará el deseo de bendecirlos?

Permita que estas preguntas y sus respuestas forjen una oración que permita que el río del amor de Dios fluya a la tierra reseca de su alma.

10

Cicatrices radiantes

> ¡Cuán espléndida la cruz de Cristo!
> Trae vida, no muerte;
> Luz, no oscuridad; paraíso, no su pérdida.
> Es el madero sobre el cual
> El Señor, como un gran guerrero,
> Fue herido en las manos, los pies y el costado,
> Pero sanadas por ello fueron nuestras heridas.
> Un árbol nos había destruido;
> Un árbol nos trae ahora vida.
> (TRADUCCIÓN LIBRE)
> SAN TEODORO DE ESTUDIOS

El número del 27 de marzo de 2000 de la revista *Newsweek* publicó como su historia principal un artículo titulado "Visiones de Jesús: Cómo lo perciben los judíos, los musulmanes y los budistas." A pesar de que la gente que practica estas religiones no lo considera a Cristo como el Hijo unigénito de Dios, como lo hacen los cristianos, el artículo demostró cuán extraordinariamente se lo reverencia y admira a Jesús en todas las principales religiones del mundo.

Los musulmanes, por ejemplo, reconocen a Jesús como un gran profeta. Ellos incluso creen que nació de una virgen y que ascendió al cielo, prerrogativas espirituales que ni siquiera le pertenecen a

Mahoma, a quien consideran el más importante de todos sus profetas. En los últimos siglos, los judíos han ganado una mayor admiración por Jesús, percibiéndolo como un reformista dentro del judaísmo que buscó liberalizar la tradición de su propia religión. En su opinión, los seguidores de Jesús erróneamente pasaron a adorarlo y a establecer una nueva religión, algo que Jesús mismo nunca había tenido la intención de hacer. En algunos seminarios judíos, se requiere incluso un curso sobre el Nuevo Testamento para los candidatos a rabinos.

A pesar de que ellos piensan que esta noción de un solo Dios es innecesariamente limitada, los hindúes también perciben a Jesús como un hombre virtuoso. Como Mahatma Gandhi, muchos hindúes se ven atraídos a Jesús por su compasión por los demás y su compromiso con la no violencia. Algunos hasta sostienen que cuando Jesús era adolescente viajó a la India, donde aprendió meditación hindú y luego regresó a Palestina y se convirtió en un gurú judío.

Los budistas señalan con presteza las semejanzas entre las historias de Jesús y Buda. Un monje budista Zen mantiene que Jesús y Buda son "hermanos" y que ambos enseñaron que la forma más elevada de comprensión humana es el amor universal. Muchos budistas perciben a Jesús, al igual que, Buda, como un ser perfectamente iluminado que buscó ayudar a los demás a encontrar iluminismo.

Sin embargo, habiendo mostrado claramente el atractivo universal de Jesús mediante la observación del mismo en los espejos de judíos y musulmanes, hindúes y budistas, el artículo llega a una conclusión inesperada. En vez de sugerir que la admiración universal por Jesús podría servir como un puente para unir al cristianismo con todos las demás religiones más importantes del mundo, se concentra en el elemento central del punto de vista cristiano de Jesús que crea una piedra de tropiezo para todas ellas: su muerte violenta en la cruz. Como lo expresa el artículo:

Es evidente que la cruz es lo que separa al Cristo del cristianismo de todos los demás Jesús. En el judaísmo no existe ningún precedente para un mesías que muere, mucho menos como un criminal, como fue en el caso de Jesús. En el Islam, la historia de la muerte de Jesús es rechazada como una afrenta a Alá mismo. Los hindúes pueden aceptar solamente a un Jesús que pasa a ser un samadhi pacífico, un yogui que escapa la degradación de la muerte. La figura del Cristo crucificado, dice el budista Thich Nhat Hanh, "es un figura muy dolorosa para mí. No contiene ni paz ni alegría, y no le hace justicia a Jesús." En breves palabras, no hay espacio en las demás religiones para un Cristo que experimenta la carga total de la existencia mortal, y por ende no hay razón alguna para creer en él como el Hijo divino a quien el Padre resucita de entre los muertos.[105]

El atribuir una importancia crucial a la muerte agonizante y vergonzosa de Cristo es algo exclusivo del cristianismo. A diferencia de otras religiones del mundo, que rechazan o le restan importancia a su muerte, los cristianos hacemos exactamente lo contrario. En nuestra teología, adoración, predicación, arte, himnarios y arquitectura, celebramos, elevamos, aún nos *gloriamos* en la cruz. Desde el segundo siglo en adelante, los cristianos no sólo han dibujado, pintado y grabado la cruz como el símbolo pictórico central de su fe, sino que hacen la señal de la cruz sobre sí mismos y los demás. Alrededor del 200 d. de C., Tertuliano, un teólogo del norte de África, describió la práctica cristiana de la siguiente manera: "En cada paso hacia delante y en cada movimiento, cada vez que entramos y salimos, cuando nos vestimos y cuando nos calzamos, cuando nos aseamos, cuando nos sentamos a la mesa, cuando prendemos las lámparas, sobre el sillón, sobre el asiento, en todas las acciones comunes de la vida diaria, trazamos la señal [de la cruz] sobre la frente."[106] Lo que las personas irreligiosas y aquellos de otras religiones encuentran contradictorio, desconcertante y ofensivo, los cristianos, al contrario, consideran como esencial, indispensable y precioso.

En el sistema cristiano, aun después de que Cristo fue resucitado de entre los muertos y recibió un nuevo cuerpo glorioso de resurrección, las cicatrices en las manos y los pies y el costado, emblemas de una muerte horrorosa, permanecen. El poder de Dios derrotó a todas las demás evidencias de violencia que le fueron ocasionadas. El sufrimiento y la muerte quedaron atrás; él estaba vivo como nunca lo había estado antes. Sin embargo, aquellas marcas de humillación no fueron borradas. De hecho, sus cicatrices se convirtieron en las marcas que lo identificaban. Durante la primera Pascua, cuando sus discípulos se encontraban escondidos detrás de las puertas cerradas, se les apareció y "les mostró las manos y el costado." Entonces supieron sin ninguna duda que era Jesús y "al ver al Señor, los discípulos se alegraron" (Juan 20.20).

El poema de Shillito: "Jesús de las cicatrices" se inspiró en esas palabras del Evangelio de Juan. Escrito en el período que siguió a la destrucción y la matanza de la Primera Guerra Mundial, es un testimonio del consuelo y la esperanza que las marcas de la crucifixión de Cristo continúan aportando a sus seguidores:

> Si nunca te hemos buscado, te buscamos ahora;
> Tus ojos, nuestras únicas estrellas, arden en la oscuridad;
> Tenemos que ver las marcas de las espinas en tu frente,
> Tenemos que poseerte, O Jesús de las cicatrices.
> Los cielos nos aterrorizan; están demasiado calmos;

En todo el universo, carecemos de lugar.
Nuestras heridas nos duelen; ¿dónde está el bálsamo?
Señor Jesús, por tus cicatrices, tu gracia reclamamos.

Si cuando las puertas estén cerradas, tú te acercares,
Sólo revela tus manos, ese costado que te pertenece a ti;
Hoy sabemos lo que son esas heridas, no temas,
Sólo muéstranos tus cicatrices, la contraseña es conocida por mí.

Los otros dioses eran fuertes; tú fuiste débil;
Ellos montaron, mas tú con un trono te encontraste;
A nuestras heridas, sólo pueden hablarle las heridas de Dios,
Y ningún dios tiene heridas, sólo tú.[107]
(Traducción libre)

Los cristianos han siempre mirado las cicatrices y siempre lo harán. Durante toda la eternidad nos reuniremos alrededor del trono de Dios y cantaremos las glorias del Cordero que fue inmolado (Apocalipsis 5.8-14).

LOS MEDIOS DE REDENCIÓN DE DIOS

¿Por qué se *glorían* los cristianos en la cruz? ¿Por qué oran, con Shillito: "Tenemos que poseerte, O Jesús de las cicatrices"? mientras que todas las demás religiones sienten aversión por el sufrimiento y la muerte de Cristo, ¿por qué se alegran los cristianos por ello? Porque creemos que la cruz es el instrumento supremo de Dios para la redención de la creación pecaminosa.

Creemos que la solución de Dios para el problema del sufrimiento y del mal no es eliminarlo, ni aislarse de él, sino participar en él y luego, habiendo participado en él, transformarlo en su instrumento para redimir el mundo. Eso es lo que quiso decir Simone Weil cuando expresó lo siguiente: "La grandeza extrema del cristianismo yace en el hecho de que no busca un remedio sobrenatural para el sufrimiento, sino un uso sobrenatural de él."[108] En vez de entorpecer la obra de Dios, el sufrimiento y el mal en realidad se entretejen con el plan redentor de Dios y con su modelo para la salvación del mundo. Dios toma una tragedia terrible y la convierte en un triunfo; lo grotesco se convierte en glorioso, el mal se transforma en bien. Emil Brunner tiene razón: "Si existió alguna vez un acontecimiento en el cual el mal, el sufrimiento inocente, la maldad y el dolor humano alcanzaron su punto más alto, es en la cruz de Cristo."[109] Sin embargo, Dios tomó lo espantoso de ese acontecimiento —el mal diabólico, la injusticia incuestionable, el dolor insoportable— los mezcló a todos juntos y, por medio de una maravillosa alquimia divina, los transformó en un medicamento para sanar a las naciones.

La cruz esclarece a Romanos 8.28 de manera profunda: "Y sabemos que a los que aman a Dios, todas las cosas les ayudan a bien, esto es, a los que conforme a su propósito son llamados." Demuestra que aun cuando las cosas parecen ir terriblemente mal, Dios puede utilizar la angustia en forma creativa para extraer las bendiciones que no podrían haberse concretado de ninguna otra manera. De hecho, *es* el método de redención de Dios; así es como Dios, frente al mal, obra para lograr su voluntad y sus propósitos en el mundo.

¿Cómo vence Dios a todo aquello que se opone a su voluntad? ¿Cómo demuestra Dios su soberanía y poder divinos en presencia del mal? La cruz nos dice: Dios lo lleva a cabo por medio de un poder que absorbe la oposición a su voluntad por medio del sufrimiento inocente y luego, una vez que ha absorbido la oposición, la neutraliza por medio de un amor que perdona. Por último, una vez que ha neutralizado el mal, Dios lo utiliza para llevar a cabo el mismísimo propósito que el mal tenía la intención de desbaratar.

Dios no vence el mal por medio de una resignación pasiva o una fuerza bruta, ni tampoco por la fuerza o una exhibición deslumbrante de poder, sino por medio del poder del amor que sufre. Dios utiliza el sufrimiento en forma redentora para llevar a cabo su voluntad y propósito en el mundo. Es por esa razón que las cicatrices de Cristo están aún allí, aun cuando él regresó con un cuerpo glorificado después de su resurrección triunfante. Y siempre estarán allí, pero con una diferencia crucial: ahora son cicatrices radiantes. Un versículo del himno "Corónenlo con muchas coronas" lo comunica de manera bellísima: "Corónenlo el Señor del amor; observen sus manos y su costado, esas heridas, aunque visibles en lo alto, glorificadas en belleza." Las cicatrices son ahora las portadoras de la gloria divina, irradiando la luz de la presencia de Dios, que transforma todo lo que encuentra a su paso. Sus cicatrices son ahora un instrumento para sanar. Como dicen las Escrituras: "Gracias a sus heridas fuimos sanados" (Isaías 53.5).

EL PODER QUE SE PERFECCIONA EN LA DEBILIDAD

En los tres últimos capítulos, hemos considerado lo que la cruz nos dice sobre la sanidad de nuestras heridas emocionales. Podemos resumir el mensaje de esos capítulos con estas tres palabras: *aceptar, perdonar, amar.* La cruz revela que la sanidad viene por medio de aceptar, no evitar, el dolor de nuestras heridas; por medio del perdón, no el resentimiento, de aquellos que nos han maltratado; y por medio del amor, no el odio, de aquellos que nos han tratado como enemigos. Ahora, a la luz de las cicatrices radiantes de Jesús, debemos agregar una cuarta palabra: *ofrecer.* La sanidad llega cuando le ofrecemos nuestras heridas a Dios para que las utilice como instrumentos para nuestra redención y la de los demás.

Una mujer en un campamento de verano en Canadá, donde me

encontraba dando unas charlas, me compartió la forma en que Dios le estaba enseñando precisamente eso. "Apenas unas pocas semanas atrás," comenzó, "mi esposo y yo preparamos un lugar donde amontonamos desechos para preparar abono para las plantas. Pusimos toda clase de basura en él: cáscaras de huevo, cáscaras de banana ya oscurecidas, granos de café, un montón de hojas podridas y de césped cortado, lo que se le ocurra. Mezclamos todo bien y luego lo cubrimos. Y cuando nos acercamos ahora, créame, ¡nuestra nariz se da cuenta de que está allí! Pero la próxima primavera, cuando lo usemos en nuestro jardín y alrededor de los arbustos, lo que ahora es basura en estado de putrefacción será como oro puro. Ese abono será tantísimo mejor que cualquier fertilizante que podamos comprar."

Luego lo relacionó con su vida: "En mi vida han habido montones de basura, cosas podridas que me hicieron los demás y cosas podridas que hice en respuesta a ello. Durante años me negué a ocuparme de la basura, pero hace varios años, cuando mi vida comenzó a caerse a pedazos, me vi obligada a hacerlo. Gracias a Dios por ello. Como resultado, él ha obrado salud y restauración en mi vida.

"Pero mientras que ha estado sucediendo todo esto, me he encontrado pensando con frecuencia: *No veo el día en que todo esto termine. Estaré tan contenta cuando pueda dejar toda la basura atrás y nunca tenga que pensar más en ella. Quizás hasta pueda imaginarme que nunca sucedió.*

"Luego, cuando estábamos acumulando la basura para el abono, el Señor me habló: 'Toda tu vida te has escapado de tu basura. Ahora, a pesar de que te estás finalmente ocupando de ella y sanándote, sigues queriendo escaparte. ¿No te das cuenta? Yo no sólo quiero sanarte y liberarte de sus efectos en tu vida, sino que quiero usar tu basura. Como la basura en el depósito del abono, si me dejas, la convertiré en oro puro. La utilizaré para fortalecer tu carácter y traer salud y libertad a los demás'.

"De modo que en vez de estar avergonzada por la basura, estoy aprendiendo a dársela a él. ¡Y estoy descubriendo que el Señor es el gran Reciclador! No desperdicia nada. Puede convertir nuestra basura en oro —oro puro— si tan solo se la ofrecemos a él."

En su segunda carta a los corintios, el apóstol Pablo comparte un mensaje similar. Escribe cándidamente sobre una "espina [o aguijón]... en el cuerpo" (12.7), con la cual tenía que luchar. *Skolops*, la palabra en griego para "espina," puede significar una estaca que sujeta verdaderamente a una persona al suelo o una astilla que nos irrita constantemente. De acuerdo con H. Minn, ese pasaje comunica "la idea de algo filoso y doloroso que se clava profundamente en la carne y, en la voluntad de Dios, no hay manera de extraerla. El efecto de su presencia era malograr la alegría de vivir de Pablo, y frustrar su total eficiencia, restándole energía."[110]

Los eruditos han hecho conjeturas sobre la exacta naturaleza de la "espina" de Pablo. Era quizás una persona en particular que se oponía sin descanso a Pablo, o la persecución en general, o pecados y tentaciones acuciantes, un defecto del habla o una enfermedad física como la epilepsia, o un problema en un ojo. Todas estas posibilidades se han sugerido. Sin embargo, el hecho de que Pablo no lo especifica ha hecho que este pasaje sea una bendición aún mayor para los cristianos. Ellos han podido aplicar lo que él dice a diversas clases de "espinas" en su vida, incluyendo aquellas que son el resultado de heridas emocionales.

Es significativo que Pablo se refiera a esta espina como "un mensajero de Satanás, para que me atormentara" (2 Corintios 12.7). Él reconoce su naturaleza malévola, algo que tenía la intención de desbaratar los propósitos que Dios tenía para él. Al principio, él oró con vigor y persistencia para que fuera quitada: "Tres veces le rogué al Señor que me la quitara" (2 Corintios 12.8).

A la luz de la oración de Pablo, nos parecería por tanto correcto orar intencionadamente por la sanidad de nuestras heridas emocionales y para que sean completamente extirpadas de nosotros.

Cicatrices radiantes

No tengo dudas de que ésa es la voluntad máxima de Dios. Porque habrá de venir un día en el que

> Enjugará toda lágrima de los ojos. Ya no habrá muerte, ni llanto, ni lamento ni dolor. (Apocalipsis 21.4)
>
> Cuando pedimos ser sanados completamente, ejercitamos la fe de que así será. Y —alabado sea Dios— hay momentos en que Dios puede y elige sanar por medio de la eliminación completa de la enfermedad y la liberación. Para algunos, lo que será cierto para todos los creyentes en la era venidera, irrumpe milagrosamente en el presente.
>
> Pero esa no es la manera en que fue respondida la oración de Pablo. Su espina no fue extraída de su cuerpo. En cambio, él escuchó que el Señor le decía: "Te basta con mi gracia, pues mi poder se perfecciona en la debilidad" (2 Corintios 12.9). La respuesta de Dios a la espina de Pablo no fue quitarla, sino darle gracia a Pablo para que pudiera soportarla, y utilizar la debilidad resultante de Pablo como una oportunidad para demostrar el poder divino. Así como Cristo mismo fue "crucificado en debilidad" (2 Corintios 13.4), y su debilidad en la muerte demostró el poder de Dios (1 Corintios 1.22-25), la debilidad de Pablo relacionada con la espina produjo resultados similares. No hay duda de que Dios podría haber demostrado su poder quitando la espina de Pablo. Pero al no quitarla, Dios eligió algo aún mejor: perfeccionar su poder a través de su debilidad.
>
> Como resultado, la actitud de Pablo hacia la espina sufrió una transformación. En vez de permitir que la presencia de la espina alimentara enojo y autocompasión, Pablo hizo alarde de la debilidad que le ocasionaba la espina. Él exclama: "Por lo tanto, gustosamente haré más bien alarde de mis debilidades, para que permanezca sobre mí el poder de Cristo" (2 Corintios 12.9). Al contrario de lo

que pensaríamos nosotros, la debilidad de Pablo producida por la espina no creó ninguna frustración ni insatisfacción en él. En cambio, lo llevó a estar contento: "Por eso me regocijo en debilidades, insultos, privaciones, persecuciones y dificultades que sufro por Cristo; porque cuando soy débil, entonces soy fuerte" (2 Corintios 12.10).

CÓMO NUESTRAS CICATRICES SE TORNAN RADIANTES

¿Es acaso posible que nosotros lleguemos a un lugar donde podamos contemplar a nuestras cicatrices emocionales de la misma forma en que Pablo contempló su espina? Pienso que, a la larga, es posible, pero no al comienzo del proceso de sanidad. En ese momento, nuestra tarea principal es abrazar el dolor, hacerle frente a la verdad y aceptar los estragos que nuestras heridas han causado en nuestra vida. Cuando analizamos honesta y cuidadosamente el daño, el tomar los primeros pasos para sanarnos implica que veamos a nuestras heridas como perversas —mensajeros de Satanás enviados para destruirnos— y por tanto como enemigos contra los cuales debemos luchar y vencer.

Sin embargo, llega un momento en el proceso para sanarnos en que tenemos que enfrentar nuestras lesiones en una forma diferente, observándolas esta vez como amigas y no como enemigas. A pesar de que reconocemos sus malas intenciones, llegamos verdaderamente a gloriarnos en ellas tal como lo hizo Pablo, debido a lo que ellas producen *en* nosotros (debilidad) y, por consiguiente, lo que liberan *a través* de nosotros (el poder de Dios). Alexander MacClaren, un predicador escocés del siglo veinte, dijo: "No busquéis ser pilares de hierro. Los pilares de hierro no le son útiles a Dios. Dios utiliza cañas quebradas." Dios erige su reino sobre la debilidad humana, no sobre su fortaleza.

Cierta vez leí la historia de una mujer que viajaba por una

autopista interestatal, sentada en la parte trasera de un automóvil mirando por la ventana. El sol brillaba con fuerza, revelando todas las imperfecciones y rayones de la ventanilla. Cuando la mujer fijó su mirada en un rayón en particular, su parte perfeccionista se disgustó. *Esta ventana no sirve,* pensó. *Deberían cambiarla. Qué rasguño tan feo.*

Sin embargo, al rato notó algo más. La luz del sol que reflejaba a través del rayón había formado un pequeñísimo, aunque exquisito, arco iris. *Me puedo concentrar en el rayón,* pensó, *o me puedo concentrar en el arco iris.* Eligió el arco iris.

Cuando consideramos los rayones en las ventanas de nuestra alma, como la mujer, nuestra primera respuesta es orar: " "¡Qué desastre! Señor, quítalos del medio. Entonces podré servirte bien." Pero los caminos de Dios son diferentes a los nuestros. Dios desea utilizar nuestros rayones para refractar la luz y formar un arco iris, utilizar nuestra angustia y crear una hermosura que no podría haber sido creada de ninguna otra manera.

Don Crossland relata que una vez estaba hablando frente a un grupo de doscientos hombres. A causa de su ansiedad y su necesidad de ser aceptado, trató primero de impresionar a su audiencia describiendo la iglesia exitosa que había pastoreado una vez. Luego se dio cuenta de que había comenzado a mencionar nombres de personas famosas que conocía, hablando de su relación con diversos jugadores de fútbol americano profesional. Sin embargo, mientras estaba hablando, el Espíritu comenzó a empujarlo a que se humillara y hablara abiertamente sobre algunas de sus heridas y temores. Al principio se resistió, pero luego, con cierto titubeo, obedeció. Don les contó sobre su necesidad de ser amado, y cómo, en algunos casos, aquella necesidad no había sido satisfecha, y entonces, cómo sus esfuerzos para satisfacerla lo habían llevado a la adicción sexual y emocional. No estaba seguro de cómo habrían de responder esos hombres a su honestidad, pero cuando hubo terminado, se acercaron tantos en respuesta a su invitación, que no

alcanzó el tiempo para ministrarlos a todos.
Ese día, él aprendió cómo se perfecciona la fortaleza de Cristo en nuestra debilidad, un patrón que continua presente en su ministerio. Él dice:

> Es interesante que, a pesar de todos mis años como líder de una iglesia exitosa, nunca nadie me hubiera pedido que hablara sobre el crecimiento de las iglesias. Lo que Dios utilizó más en mi vida no fue lo que yo hubiera considerado que eran mis puntos fuertes y mis éxitos. En cambio, el amor y el poder de Jesucristo se han revelado a través de mis fracasos. Cuando la gente me observa, no se glorían en mi fortaleza, sino que se glorían en el poder y la majestad de la gracia de Dios en mi vida.[111]

¿Estamos dispuestos a permitir que el Señor se glorifique en nuestras heridas?

Cuando estaba orando con una víctima de abuso sexual, ella escuchó que Jesús le decía estas palabras: "Los canales que han sido abiertos en tu alma habrán de liberar gozo." Él le estaba afirmando que sus heridas profundas, como las de él, se convertirían algún día en heridas que sanan. Sin embargo, a medida que ella continúa avanzando en los recuerdos dolorosos del abuso, lucha con esa idea. El pensamiento de que algún día Dios la pueda llamar a un ministerio con víctimas de abuso sexual la hace estremecerse, y agita el dolor emocional aún no resuelto que se encuentra en su interior.

Es posible que ustedes estén en un lugar parecido a éste en vuestro trayecto para sanarse. Ustedes pueden haber andado ya un largo camino y aceptado el dolor, perdonando a aquellos que los han lastimado, aun amando a aquellos que los han tratado como enemigos. Por consiguiente, se han llevado a cabo importantes niveles de sanidad en vuestra vida; han emergido dimensiones de libertad. Aun si estuviéramos agradecidos por todo lo que Cristo ha hecho, el pensamiento de que Dios desea utilizar nuestras heridas; que nuestras cicatrices, como las de Cristo, pueden volverse radiantes, no es bienvenido, quizás nos resulte incluso repugnante. ¿Qué deberíamos entonces hacer?

Permítanme hacerles dos sugerencias.

Primero, una vez que hayamos reconocido honestamente que no estamos listos para ofrecer nuestras heridas para que Dios las utilice, debemos darle permiso a Dios para que nos lleve a ese punto. Así como he enfatizado en relación a los otros pasos en el proceso de sanidad, lo más importante que podemos ofrecerle a Dios es nuestro deseo de hacerlo. Nunca podremos vencer nuestra resistencia por medio de nuestros propios razonamientos. Nuestras cicatrices son demasiado profundas para eso. No existe nada que pueda llevar a cabo esa transformación interior. Jesús tiene que hacerlo. Pero él necesita nuestro permiso; no obrará en contra de nuestra voluntad. Antes de hacer su buena obra en nosotros, él necesita nuestra cooperación y nuestro deseo de que ello ocurra. De manera que ofrezcámosle eso. Pablo pudo "gloriarse en su debilidad." Nosotros no podemos aún hacerlo, pero podemos orar: "Señor, quiero poder hacerlo. Deseo poder gloriarme en mis debilidades. Deseo que utilices mis heridas. Tú tienes permiso para hacer todo lo que sea necesario para llevarme al lugar donde pueda llevarse a cabo."

Segundo, necesitamos considerar nuestras cicatrices a la luz de las cicatrices radiantes de Cristo. Imagínenselo de pie delante de nosotros tal como estuvo delante de sus discípulos en esa primera Pascua. Como entonces, él nos muestra las cicatrices de las heridas que recibió en la cruz. Sin embargo, ahora fluye luz de ellas, transformando todo lo que toca y llenándolo de vida. Al contemplar sus heridas y considerar las nuestras en relación a las de él, podemos ofrecerle nuestras heridas, pidiéndole que las toque con las suyas para transformarlas en cicatrices radiantes. Una mujer joven que había sido física y emocionalmente abusada por sus padres compartió conmigo un poema que había escrito, en el cual ella reflexionaba en sus cicatrices a la luz de las de Cristo. Ella escribió lo siguiente:

Las cicatrices que llevo—
Desearía que no estuvieran allí...
Pero cuando nos lastiman
Se hacen esas marcas así.

Las marcas están profundamente talladas—
Recuerdos a menudo para conservar...
Porque su origen perverso
Aún pueden dolor acarrear.

Algunos cubren sus cicatrices—
O corren, y corren sin parar...
Temerosos de que los vean;
Corren para que no los puedan hallar...

Las cicatrices que Cristo acarrea—
Sólo nos demuestran su amor...
No las lleva con orgullo
Ni las esconde por pudor.

El amor tallado en sus manos—
Jirones que son parte de un plan...
Son huellas de hermosura;
Sólo marcas con disfraz.

Cicatrices radiantes

> No puedo ocultar mis cicatrices—
> En vano lo intenté...
> Son huellas de hermosura;
> Sólo marcas con disfraz.

Cuando estemos de pie frente a Cristo, mirando sus cicatrices, permitiendo que su luz radiante penetre en las nuestras, y cuando le ofrezcamos nuestras cicatrices, vendrá el momento en que estaremos diciendo de nuestras cicatrices lo que hemos dicho de las de él: "Son huellas de hermosura, sólo marcas con disfraz."

Nunca me olvidaré de un culto en la capilla del seminario en mayo del 2000, en el que Mattie Greathouse, una alumna que se graduaba, compartió cómo Cristo había transformado sus cicatrices. Ocho meses después del nacimiento de Mattie, su padre la había asesinado a su madre de un tiro. Aun cuando ella negaba ese acto de violencia durante su niñez, el impacto en ella había sido profundo: "Ese acto estremecedor y entrecortado me acosó durante toda mi niñez y mi adolescencia. Fue una identidad que me negaba a reconocer, pero esa herida y sus consecuencias eran ineludibles."

Sin embargo, durante sus años en Asbury, ella comenzó a aceptar esa historia como propia. "El trauma personal que había ahogado en mi interior durante 27 años salió finalmente a la superficie, y lo hice mío."[112] El día en que se casó con Chad, un hombre que había conocido mientras que estaba en el seminario, fue todo un logro.

Mattie había sido adoptada y criada por sus abuelos maternos. A causa del acto de violencia de su padre, todos los vínculos con ese lado de la familia habían sido cortados. Pero como resultado de haberse hecho cargo de lo que le habían hecho, se sintió impulsada a invitar a la familia de su padre a la boda. En la recepción después de la boda, ella conoció a su abuela paterna, junto con un tío y una tía, por primera vez.

El verano siguiente, ella visitó a la familia de su padre. También fue a visitar a su padre a la prisión. Allí, por primera vez, Mattie se sentó con el hombre que había sido el culpable de tanto mal en su vida.

A pesar de que ella había perdonado a su padre, en su testimonio, Mattie enfatizó los efectos devastadores de su acto de maldad. "El pecado, la violencia y la traición de mi padre no eran una 'bendición oculta'. Dios no quitó el aguijón del dolor, de la ira, o de todas las demás ramificaciones de los pecados de mi padre biológico. Su acto había sido una maldición. Durante muchos años, el mal que causó ese acontecimiento produjo diferentes tipos de cáncer en nuestra familia."[113]

No obstante, Mattie enfatizó aún más que allí donde abundó el pecado, sobreabundó la gracia (Romanos 5.20). Cristo había producido un triunfo a partir de su tragedia. De hecho, el mal en su vida por el cual nunca deseó ser identificada se había convertido en la demostración suprema de su gracia y de su poder. Como ella lo había expresado tan extraordinariamente: "Jesucristo tomó esa maldición y me bendijo, y hace que yo sea una bendición en medio de ello y aun a pesar de ello. Es cierto que soy la hija biológica de un asesino; pero mucho más que eso, soy la hija *adoptiva* rescatada, sanada, restaurada y perdonada del rey de reyes; hermana del príncipe de paz. La violencia de mi padre no ha tenido la última palabra; el mal no ha logrado triunfar."[114]

Al reflexionar en el misterio del mal en su vida y en el milagro del triunfo de Cristo sobre él, Mattie puso fin a su testimonio señalando la cruz. Allí, de alguna manera, las heridas de Cristo y las de ella se habían unido. Y allí, sus cicatrices, gracias a las de él, se habían tornado radiantes. "No sé verdaderamente por qué sufrí esa pérdida, ni por qué la injusticia de mi padre biológico me llenó de cicatrices el rostro. Sin embargo, conozco al que fue herido por mí. Cuando les ofrezco las palabras de Dios a aquellos que no lo conocen, mis propias cicatrices son un testimonio de la realidad de su gracia, de sus cicatrices. Verdaderamente, 'gracias a sus heridas fuimos sanados'."[115]

¿Pueden decir ustedes lo mismo sobre sus heridas? Si no, llévenlas a la cruz. Permitan que las cicatrices de Cristo toquen a las de ustedes. Con el tiempo las cicatrices de ustedes van a testificar también sobre la realidad de su gracia y de sus cicatrices. Las de ustedes también, como las de él, se tornarán radiantes.

PREGUNTAS PARA REFLEXIÓN PERSONAL O EN GRUPO

1. Como la basura en el depósito de abono, Dios desea convertir nuestra basura en oro. En su "depósito de abono" formado por su sufrimiento y su dolor, ¿qué "suelo fértil" para la obra de Dios está comenzando a emerger?
2. Pablo llegó al sitio donde podía hacer alarde de sus debilidades, ya que ellas demostraban la fortaleza de Cristo. ¿Hizo usted alguna vez alarde de alguna de sus debilidades? ¿Ha testificado sobre la acción de Dios que lo llevó en andas a través de situaciones que usted jamás hubiera podido resolver por medio de sus propias fuerzas? ¿Hay luchas en las que está involucrado a diario para las cuales necesita apoderarse de la fuerza de Dios que es suficiente para nosotros?
3. Si percibiera a sus heridas emocionales como amigas y no como enemigas, ¿qué cambiaría en su actitud y en su autoestima?
4. ¿Existe algo que lo haga dudar si rendir sus cicatrices a Dios o no? ¿Está dispuesto a ofrecérselas a Dios, pidiéndole que las toque con sus propias heridas y que las transforme en cicatrices radiantes?

Notas

Capítulo 1: Cómo llevar nuestro dolor a la cruz
[1] Randy y Terry Butler: "At the Cross", Mercy/Vineyard Publishing, 1993.
[2] Citado en Jürgen Moltmann: *The Crucified God* (New York: Harper & Row, 1974), pág. 220.
[3] Frank Lake: *Clinical Theology* (London: Darton, Longman & Todd, 1966), pág. 18.
[4] Ibídem, pág. 41.
[5] Franz Delitzsch: *Biblical Commentary on the Prophecies of Isaiah*, vol. 2, trad. James Martin (Grand Rapids, Mich.: Eerdmans, 1950), pág. 316.
[6] Citado en Lake: *Clinical Theology*, pág. 13.
[7] George A. Buttrick: *Jesus Came Preaching* (New York: C. Scribner's Sons, 1932), pág. 207.
[8] Joni Eareckson Tada: *Christian Counseling Connection*, vol. 3, ed. Gary Collins (Glen Ellyn, Ill.: Christian Counseling Resources, 1999).
[9] Dennis Ngien: "The God Who Suffers," *Christianity Today*, 3 de febrero de 1997, pág. 42.
[10] Ibídem.

Capítulo 2: Despreciado y rechazado
[11] *Webster's New World Dictionary: Third College Edition* (New York: Simon & Schuster, 1991), pág. 1132.
[12] Frank Lake: *Clinical Theology* (London: Darton, Longman & Todd, 1966), pág. 1116.
[13] Leanne Payne: *Restoring the Christian Soul through Healing Prayer* (Wheaton, Ill.: Crossway, 1991), págs. 93-94.
[14] Nancy Verrier: *The Primal Wound* (Baltimore: Gateway, 1997).
[15] Frank Lake: *Personal Identity—Its Origin* (Oxford: Clinical Theology Association, 1987), pág. 6.
[16] Payne: *Restoring the Christian Soul*, pág. 36.
[17] Henry Blocher: *Songs of the Servant* (Downers Grove, Ill.: InterVarsity Press, 1975), págs. 63-64.
[18] Lake: *Clinical Theology*, pág. 1113.
[19] Philip Yancey: *The Jesus I Never Knew* (Grand Rapids, Mich.: Zondervan, 1995), pág. 199.
[20] W. D. Edwards et al., "On the Physical Death of Jesus", *Journal of the American Medical Association* 255, no. 11 (1986): 1455-63.
[21] Ibídem, pág. 1457.

Capítulo tres: Ignorando la vergüenza
[22] Citado en Lewis Smedes: *Shame and Grace* (New York:

Notas

HarperCollins, 1993), pág. 95.
23 John Bradshaw: *Healing the Shame that Binds You* (Deerfield Beach, Fla.: Health Communications, 1988), pág. vii.
24 Smedes: *Shame and Grace*, pág. 5.
25 Robert Karen: "Shame", *The Atlantic Monthly* (Febrero de 1992): 42-43.
26 Ibídem, pág. 47.
27 Bradshaw: *Healing the Shame that Binds You*, pág. 10.
28 Dan Allender y Tremper Longman III: *The Cry of the Soul* (Colorado Springs: NavPress, 1994), págs. 198-99.
29 Martin Hengel: *Crucifixion in the Ancient World and the Folly of the Message of the Cross*, trad. John Bowden (Philadelphia: Fortress, 1977), pág. 38.
30 Citado en Philip Yancey: *The Jesus I Never Knew* (Grand Rapids, Mich.: Zondervan, 1995), pág. 200.
31 Hengel: *Crucifixion in the Ancient World*, págs. 87-88.
32 Citado en Rodney Clapp: "Shame Crucified", *Christianity Today*, 11 de marzo de 1991, pág. 28.
33 Frank Lake: *Clinical Theology* (London: Darton, Longman & Todd, 1966), pág. 1114-15.
34 David Seamands: *If Only* (Wheaton, Ill.: Victor, 1995), pág. 60.
35 Clapp: "Shame Crucified", pág. 28.
36 Heinrich Schlier: "Parrhesia", *Theological Dictionary of the New Testament*, ed. Gerhard Kittel y Gerhard Friedrich, trad. Geoffrey W. Bromiley (Grand Rapids, Mich.: Eerdmans, 1964), pág. 883.

Capítulo cuatro: ¿Por qué me has abandonado?
37 John Stott: *The Cross of Christ* (Downers Grove, Ill.: InterVarsity Press, 1986), pág. 329.
38 Pierre Wolff: *May I Hate God?* (New York: Paulist, 1979), pág. 35.
39 Ibídem, pág. 36.
40 Ibídem, pág. 37.
41 Jürgen Moltmann: *The Trinity and the Kingdom* (San Francisco: Harper & Row, 1981), pág. 80.
42 Fanny Crosby: "Rescue the Perishing", 1869.
43 Frank Lake: *Clinical Theology* (London: Darton, Longman & Todd, 1966), pág. 190.

Capítulo 5: Él llevó cautivo al cautiverio
44 Gary Moon: *Homesick for Eden* (Ann Arbor, Mich.: Vine, 1997), pág. 40.
45 Ibídem, pág. 41.
46 Ibídem, págs. 42-43.

[47] Ibídem.
[48] Ibídem, pág. 47.
[49] Patrick Carnes: *Out of the Shadows* (Minneapolis: CompCare Publications, 1983), pág. vi.
[50] Don Crossland: *A Journey Toward Wholeness* (Nashville: StarSong Publishing, 1991), págs. 20-21.
[51] Stephen Arterburn: *Addicted to "Love"* (Ann Arbor, Mich.: Servant, 1991), pág. 144.
[52] Ibídem, págs. 137-38.
[53] Gerald May: *Addiction and Grace* (San Francisco: Harper & Row, 1988), págs. 26-30.
[54] Klaas Shilder: *Christ Crucified* (Grand Rapids, Mich.: Eerdmans, 1941), págs. 206-7.
[55] C. S. Lewis: *The Lion, the Witch and the Wardrobe* (New York: Collier, 1986), págs. 149-52.
[56] Ibídem, pág.159.
[57] Citado en Earl Jabay: *The Kingdom of Self* (Plainfield, N.J.: Logos International, 1974), págs. 58-59.
[58] Ted Roberts: *Pure Desire* (Ventura, Calif.: Regal, 1999), pág. 128.
[59] Augustus Toplady: "Rock of Ages, Cleft for Me", 1776.

Capítulo 6: Liberación para los que están atados

[60] Charles Kraft: *Deep Wounds, Deep Healing* (Ann Arbor, Mich.: Servant, 1993), págs. 257-59.
[61] Terry Wardle: *Healing Care, Healing Prayer* (Orange, Calif.: New Leaf, 2001), pág. 215.
[62] Entre ellos se encuentran Merrill Unger, Michael Green, Kurt Koch, Mark Bubeck, Fred Dickason, Charles Kraft, Neil Anderson, Timothy Warner, Francis MacNutt, Tom White, Derek Prince, Terry Wardle, Ed Murphy y Clinton Arnold. El libro de 350 páginas del teólogo Fred Dickason: *Demon Possession and the Christian* (Chicago: Moody Press, 1987) es el estudio más completo sobre el tema. El tratado más útil y conciso que he encontrado es "Can a Christian Be Demon-Possessed?", el capítulo dos en el libro del erudito del Nuevo Testamento, Clinton Arnold: *Three Crucial Questions About Spiritual Warfare* (Grand Rapids, Mich.: Baker, 1997).
[63] Arnold: *Three Crucial Questions*, pág. 79.
[64] Wardle: *Healing Care, Healing Prayer*, pág. 221.
[65] Eduard Lohse: *Colossians and Philemon* (Philadelphia: Fortress, 1971), págs. 106-7.
[66] Citado en Thomas Oden: *The Word of Life* (San Francisco: Harper & Row, 1989), pág. 397.
[67] William F. Arndt y F. W. Gingrich: *A Greek-English Lexicon of the New*

Notas

Testament and Other Early Christian Literature (Chicago: University of Chicago Press, 1957), pág. 889.
[68] Peter O'Brien: *Colossians, Philemon* (Waco, Tex.: Word, 1982), pág. 126.
[69] Michael Green: *I Believe in Satan's Downfall* (London: Hodder & Stoughton, 1981), págs. 214-15.
[70] Donald Demaray: *The Little Flowers of St. Francis: A Paraphrase* (New York: Alba House, 1992), págs. 85-86.

Capítulo 7: La aceptación del dolor
[71] Andrea Midgett: "Picturing the Cross", *Christianity Today*, April 3, 1995, pág. 43.
[72] Klaas Schilder: *Christ Crucified* (Grand Rapids, Mich.: Eerdmans, 1940) págs. 98-99.
[73] Frank Lake: *Clinical Theology* (London: Darton, Longman & Todd, 1966), págs. xxx, xxii.
[74] Scott Peck: *The Road Less Traveled* (New York: Touchstone Books, 1978), págs. 16-17.
[75] Citado en Gladys Hunt: "The Good of Suffering", *Christianity Today*, 24 de mayo de 1974, pág. 36.
[76] Matt y Julie Woodley: *Restoring the Heart* (panfleto publicado por ellos mismos, 1999), pág. 29.
[77] Dan Allender: *The Healing Path* (Colorado Springs: Waterbrook, 1999), pág. 14.
[78] Hannah Hurnard: *Hind´s Feet on High Places* (Wheaton, Ill.: Tyndale House, 1986), pág.66.
[79] Ted Roberts: *Pure Desire* (Ventura, Calif: Regal, 1999), págs. 181-182.
[80] Don Crossland: *A Journey Toward Wholeness* (Nashville: StarSong Publishing, 1991), pág. 82.
[81] Woodley: *Restoring the Heart*, pág. 30.
[82] Ibídem.

Capítulo 8: Padre, perdónalos
[83] Katherine Ann Birge: "How Come Jesus got to be so great?" *The Living Pulpit* (Abril-junio de 1994): 18.
[84] Ibídem.
[85] Charles Kraft: *Christianity with Power* (Ann Arbor, Mich.: Servant, 1989), pág. 112.
[86] Citado en el libro de Johann Christoph Arnold: *Why Forgive?* (Farmington, Penn.: Plough, 2000), pág. 44.
[87] Henri Nouwen y Robert Jonas: *Henri Nouwen* (Maryknoll, N.Y.: Orbis, 1998), págs. 39-40.
[88] H. R. Macintosh: *The Christian Experience of Forgiveness* (New York:

Harper & Brothers, 1927), pág. 192.
[89] David Augsburger: *The Freedom of Forgiveness* (Chicago: Moody Press, 1988), pág. 46, énfasis en el original.
[90] Leanne Payne: *The Healing Presence* (Westchester, Ill.: Crossway, 1989), pág. 89.

Capítulo 9: Ama a tus enemigos
[91] Geoffrey Wainright: *Doxology: The Praise of God in Worship, Doctrine and Life* (New York: Oxford University Press, 1980), pág. 434.
[92] "He Never Said a Mumbalin' Word", *The United Methodist Hymnal* (Nashville: United Methodist Publishing House, 1989), pág. 291.
[93] I. Howard Marshall: *1 Peter* (Downers Grove, Ill.: InterVarsity Press, 1991), pág. 94.
[94] J. N.D. Kelly: *The Epistles of Peter and Jude* (London: A & C Black, 1969), pág. 123.
[95] John Stott: *The Cross of Christ* (Downers Grove, Ill.: InterVarsity Press, 1986), pág. 300.
[96] Dan Allender y Tremper Longman III: *Bold Love* (Colorado Springs: NavPress, 1992), pág. 187.
[97] Martin Luther King Jr.: *Strength to Love* (London: Hodder & Stoughton, 1964), pág. 51.
[98] Citado en el libro de David Augsburger: *Helping People Forgive* (Louisville, Ky.: Westminster / John Know, 1996), pág. 154.
[99] Stott: *Cross of Christ*, pág. 301.
[100] Allender y Longman: *Bold Love*, pág. 208.
[101] Ibídem, pág. 226.
[102] Citado en C. Hoyt Watson: *DeShazer* (Spring Arbor, Mich.: Saltbox Press, 1991), pág. 53.
[103] Ibídem, pág. 64.
[104] Scott Peck: *People of the Lie* (New York: Simon & Schuster, 1983), págs. 268-69.

Capítulo 10: Cicatrices radiantes
[105] Kenneth Woodward: "The Other Jesus", *Newsweek*, 27 de marzo de 2000, pág. 60.
[106] Citado en el libro de John Stott: *The Cross of Christ* (Downers Grove, Ill.: InterVarsity Press, 1986), pág. 21.
[107] Citado en el libro de William Temple: *Reading St. John's Gospel* (London: Macmillan, 1968), pág. 366.
[108] Simone Weil: *Gravity and Grace* (London: Routledge & Kegan Paul, 1952), pág. 73.
[109] Emil Brunner: *The Christian Doctrine of Creation and Redemption* (Philadelphia: Westminster Press, 1952), pág. 181.

[110] Citado en el libro de Paul Barnett: *The Message of 2 Corinthians* (Downers Grove, Ill.: InterVarsity Press, 1988), pág. 177.
[111] Don Crossland: *A Journey Toward Wholeness* (Nashville: StarSong Publishing, 1991), pág. 101.
[112] Mattie Greathouse: "My Story Is Grounded in Life", *The Ashbury Herald* 112, N° 2 y 3 (2000): 8.
[113] Ibídem, pág. 9.
[114] Ibídem.